Votre Pouvoir Invisible

Catalogage avant publication de Bibliothèque et Archives nationales du Québec et Bibliothèque et Archives Canada

Behrend, Genevieve, 1881-1950

Votre pouvoir invisible : la loi d'attraction, le pouvoir de la pensée, la puissance de la visualisation

Traduction de: Your invisible power.

ISBN 978-2-89436-195-5

1. New Thought. 2. Succès - Aspect psychologique. 3. Visualisation. I. Titre.

BF639.B4314 2008 158.1 C2008-940191-3

Nous reconnaissons l'aide financière du gouvernement du Canada par l'entremise du Programme d'aide au développement de l'industrie de l'édition (PADIÉ) pour nos activités d'édition.

Nous remercions la Société de développement des entreprises culturelles du Québec (SODEC) pour son appui à notre programme de publication.

Traduction : Marcelle della Faille
Infographie : Marjorie Patry
Mise en pages : Marjorie Patry
Correction d'épreuves : Amélie Lapierre

Éditeurs : Les Éditions Le Dauphin Blanc inc.
6655, boulevard Pierre-Bertrand, bureau 133
Québec (Québec) G2K 1M1
CANADA
Tél. : (418) 845-4045 Téléc. : (418) 845-1933
Courriel : dauphin@mediom.qc.ca
Site Web : www.dauphinblanc.com

ISBN : 978-2-89436-195-5

Dépôt légal : 1e trimestre 2008
Bibliothèque nationale du Québec
Bibliothèque nationale du Canada

Imprimé au Canada

Genevieve Behrend

VOTRE POUVOIR INVISIBLE

La loi d'attraction
Le pouvoir de la pensée
La puissance de la visualisation

traduit de l'américain par
Marcelle della Faille

Le Dauphin Blanc

Table des matières

Avant-propos

« Dans chacun de vos mots réside le germe du pouvoir, qui croît et se projette dans la direction indiquée par votre mot, pour finalement se développer dans l'expression physique. »

Genevieve Behrend, *Votre Pouvoir Invisible*

Je suis toujours émerveillée du cadeau que m'offre à chaque étape le processus de traduction des livres de la nouvelle pensée que j'ai lancé il y a quatre ans déjà.

Après avoir traduit le troisième livre de la trilogie de Wallace D. Wattles, me voici découvrant la prose de Genevieve Behrend!

Un style clair et direct qui explique très pratiquement comment appliquer une technique connue de longue date : la visualisation.

Nombre de personnes passent beaucoup de temps à essayer telle technique, puis telle autre technique, et ainsi de suite, sans discontinuer. Je leur dis souvent que ce n'est pas la technique qui les fera réussir, mais l'esprit dans lequel elles utilisent la technique.

Nous ne sommes pas là pour agir sans réfléchir, mais pour penser et agir de manière inspirée.

C'est l'abandon de notre pensée par rapport à n'importe quelle situation qui nous ouvre la porte de la création. Lâcher prise et reconnaître notre grandeur et notre essence divine sont les clés de la maîtrise du processus de manifestation de nos désirs.

C'est justement ce que Genevieve Behrend nous apprend ici.

Votre Pouvoir Invisible est un guide simple et facile à suivre. Vous y apprendrez comment utiliser le pouvoir de la visualisation et d'autres processus enseignés par Thomas Troward pour réaliser vos désirs.

Réalignons-nous sur notre source divine, voyons-nous comme un centre d'opération divine, et tout nous est possible!

******

Le livre *Votre Pouvoir Invisible* se compose d'une préface et de dix-sept chapitres.

Familiarisez-vous d'abord avec le contenu du livre en le lisant d'une traite. Vous aurez ainsi une vue d'ensemble de la philosophie de Genevieve Behrend. Puis, relisez-le doucement et exécutez les exercices proposés à votre rythme.

Certains passages peuvent se révéler complexes au premier abord, aussi, n'essayez pas d'absorber, d'étudier ou d'appliquer immédiatement ce que vous lisez. Ne vous arrêtez pas à un mot, une phrase, un paragraphe, une idée ou un concept. Lisez ce livre plusieurs fois, avec l'esprit ouvert, et vous comprendrez petit à petit le sens des concepts qu'il vous offre.

Engagez-vous ensuite à en appliquer lentement les données, et vous expérimenterez des résultats qui dépasseront vos attentes.

Je vous invite toutefois à prendre en compte les trois points suivants :

Genevieve Behrend utilise fréquemment le genre masculin pour représenter l'ensemble des hommes et des femmes. Je vous suggère donc de considérer la terminologie masculine de manière générique.

Ensuite, elle utilise des citations tirées de la Bible ainsi que des enseignements de Jésus pour illustrer les Lois Universelles qui sont à l'œuvre dans notre vie.

Enfin, Genevieve Behrend a écrit ce livre dans le contexte de son époque bien évidemment et fait référence à la situation sociale et industrielle de celle-ci. Cela peut vous sembler quelque peu démodé, mais sachez que les concepts qu'elle décrit demeurent entièrement d'actualité.

Car, souvenez-vous, tout ce qui a été vrai, l'est toujours aujourd'hui!

Je suis vraiment ravie de vous partager ce petit livre et je vous souhaite sincèrement d'accomplir vos désirs grâce à sa lecture et à son application.

Que l'abondance vous accompagne!

Marcelle della Faille

http://loi-d-attraction.com
http://marcelle.powerfulintentions.com/forum/abondance

Préface

Ces pages, je les ai écrites dans le but et dans l'espoir que leurs suggestions vous offriront la clé qui ouvre la voie vers l'accomplissement de vos désirs, mais également dans le but d'expliquer qu'il convient de bannir toute peur de l'effort que vous faites pour obtenir la possession de ce que vous désirez. Ceci présuppose, naturellement, que votre désir de possession repose sur une aspiration à une plus grande liberté. Par exemple, vous estimez que la possession de plus d'argent, de plus de terres ou de plus d'amis vous rendra plus heureux, et votre désir de possession provient de votre conviction que leur possession vous apportera liberté et bonheur.

Dans cet effort de possession, vous découvrirez que ce dont vous avez le plus besoin, finalement, c'est « d'être » toujours (et non pas de manière irrégulière) votre meilleur moi – ce moi qui comprend que les erreurs de ceux que vous aimez ne sont que des malentendus. Votre sentiment qu'un accroissement de possessions de quelque sorte que ce soit vous apportera en soi satisfaction ou bonheur est un malentendu. Aucune personne, aucun endroit et aucun bien ne peut vous apporter le bonheur. Ils peuvent vous offrir une cause de bonheur et un sentiment de satisfaction, mais la joie de vivre vient de l'intérieur. Par conséquent, je vous recommande plutôt de vous efforcer d'obtenir ce qui vous apportera de la joie, à condition, comme je l'ai déclaré précédemment, que vos désirs soient en accord avec votre joie de vivre.

Je désire également, dans ce volume, exposer les possibilités en réserve pour tous ceux qui s'efforcent avec persistance de comprendre la loi de la visualisation et qui appliquent pratiquement cette connaissance sur le plan sur lequel ils se trouvent. Le mot *effort*, tel qu'il est utilisé ici, ne vise pas à transmettre l'idée d'une quelconque tension. Toute étude et toute méditation doivent se faire sans contrainte ni tension.

J'ai tenté de prouver que si vous procédez à partir du début de l'action créatrice ou de l'image mentale, vous êtes certain d'obtenir des résultats. « Si les lois de l'Univers ne peuvent être modifiées, elles peuvent être utilisées dans des conditions spécifiques et produire de ce fait des résultats permettant l'avancement individuel, qui ne peuvent être obtenus par l'opération spontanée de la loi fournie par la nature. »

Les suggestions que je vous ai données quant aux possibilités en réserve pour vous grâce à la visualisation sont susceptibles de vous faire dépasser votre expérience antérieure et ne rompent en aucune mesure la continuité de la loi de cause et effet.

Si, grâce aux suggestions données ici, quiconque est amené à se rendre compte que son esprit est un centre à travers et dans lequel opère « tout le pouvoir qui est », qui attend simplement de se voir désigner la direction vers la seule et unique voie par laquelle il peut agir spécifiquement (et cela signifie une réaction dans une forme concrète ou physique), alors la mission de ce livre est accomplie.

Essayez de vous rappeler que l'image que vous pensez, sentez et voyez est reflétée dans l'Esprit Universel et que, par la loi naturelle de l'action réciproque, elle doit vous revenir sous une forme spirituelle ou physique. La connaissance de cette loi d'action réciproque entre l'esprit individuel et l'Esprit Universel vous ouvre le libre accès à tout ce que vous pouvez souhaiter posséder ou être.

Il doit être résolument gardé à l'esprit que tout ceci ne s'avérera exact que pour la personne qui reconnaît tirer son pouvoir d'élaboration d'une image mentale constante de l'Esprit Universel de Vie Créateur de Tout (Dieu), et ne pourra être utilisé de manière constructive que dans la mesure où cette utilisation s'harmonise avec la nature de l'Esprit qui l'a engendré. Pour garantir ceci, la pensée de la personne ne doit présenter aucune inversion concernant sa relation avec cet Esprit Universel créateur, qui est celle d'un fils ou d'une fille à travers lequel l'esprit du parent agit et réagit.

Dans ces conditions, l'Esprit Créateur de vie doit reproduire fidèlement en une réaction correspondante, tout ce que vous pensez et sentez être. C'est la raison pour laquelle vous devez vous imaginer et imaginer vos affaires telles que vous les souhaitez, sous la forme de faits existants (même s'ils sont invisibles à l'œil nu) et vivre au sein de votre image. Tout effort honnête dans ce sens, en reconnaissant toujours que votre propre esprit est une projection de l'Esprit Créateur, vous prouvera que le meilleur qui est, est à vous selon toutes les voies qui sont vôtres.

Chapitre 1

L'ordre de la visualisation

L'exercice de la faculté de visualisation maintient votre esprit en ordre et attire à vous, d'une manière ordonnée, ce dont vous avez besoin pour rendre votre vie plus agréable. Si vous vous entraînez à exercer l'imagination délibérée de votre désir et son examen minutieux, vous verrez bientôt votre pensée et vos désirs aller et venir sous la forme d'un cortège plus ordonné que jamais. Une fois atteint cet état de mentalité contrôlée, vous n'êtes plus en état constant de précipitation mentale.

Toute précipitation correspond à la peur et est, par conséquent, destructrice.

En d'autres termes, lorsque votre compréhension saisit le pouvoir de la visualisation du désir de votre cœur et qu'elle l'entretient à l'aide de votre volonté, elle attire à vous tous les éléments requis pour la réalisation de cette image, grâce aux vibrations harmonieuses de la loi de l'attraction. Vous comprenez que, puisque l'ordre est la première loi du ciel et que la visualisation place toutes choses dans leur élément naturel, il doit être divin de visualiser.

Tout le monde visualise, consciemment ou pas. La visualisation est le grand secret du succès. L'utilisation consciente de cet important pouvoir attire à vous des ressources considérablement multipliées, intensifie votre sagesse et vous permet d'utiliser des avantages que vous n'aviez pas pu déterminer autrefois.

Nous volons maintenant dans les airs, non pas parce que quelqu'un a réussi à modifier les lois de la nature, mais parce que l'inventeur de l'appareil volant a appris comment appliquer les lois de la nature et, en les utilisant méthodiquement, a produit le résultat désiré. En ce qui concerne les forces naturelles, rien n'a changé depuis le commencement. Il n'y avait pas d'avions en « l'an 1 », parce que les individus de cette génération ne pouvaient concevoir la possibilité d'exploitation pratique de cette idée. « Cela n'a jamais été fait » était l'argument évoqué alors, « et cela ne peut être fait ». Pourtant, les lois et les matériaux permettant d'élaborer des appareils pratiques de vol existaient déjà à cette époque.

Troward nous dit que la grande leçon qu'il a apprise de l'aviation et de la télégraphie sans fil, c'est le triomphe du principe sur le précédent, ainsi que le fonctionnement d'une idée jusqu'à sa conclusion logique malgré le témoignage accumulé de toutes les expériences antérieures.

Avec un tel exemple sous les yeux, ne pouvez-vous comprendre que de plus grands secrets encore peuvent être révélés? Et « que vous détenez en vous la clé qui vous permet d'ouvrir la chambre secrète contenant le désir de votre cœur? Pour pouvoir utiliser cette clé et créer votre vie exactement comme vous la souhaitez, il vous suffit d'investiguer soigneusement les causes invisibles qui sous-tendent toute condition externe et visible. Harmonisez ensuite ces causes invisibles avec votre conception et vous constaterez que vous pouvez créer des réalités opérationnelles pratiques des possibilités qui ne semblent à présent n'être que des rêves fantastiques. »

Nous savons que le ballon était l'ancêtre de l'avion. En 1766, Henry Cavendish, un noble Anglais, démontra que l'hydrogène était sept fois plus léger que l'air atmosphérique. Cette découverte a permis au ballon d'exister, et du ballon ordinaire fut inventé le dirigeable, un ballon en forme de cigare. L'étude de l'aéronautique et les lois de la locomotion aérienne des oiseaux et des projectiles ont mené à la croyance qu'il était possible d'élaborer un mécanisme permettant de fabriquer des machines plus lourdes que l'air afin de voyager d'un endroit à l'autre et de demeurer dans le ciel en maintenant une grande vitesse qui surmonterait, par sa force de propulsion, la loi de la gravitation ordinaire.

Le professeur Langley de Washington, qui a développé une grande partie de la théorie que d'autres ont améliorée après, fut un sujet de dérision lorsqu'il envoya un modèle aéronautique vers le ciel juste pour le voir s'écraser le nez dans les eaux boueuses du Potomac. Mais les frères Wright, dont les expériences eurent lieu dans la dernière partie du XIXe siècle, manifestèrent la possibilité du voyage aérien dans une machine sans ballon à gaz. Ils profitèrent de ce mode de transport avec une grande facilité. On dit qu'un des frères aurait dit à l'autre (lorsque leurs diverses expériences ne prenaient pas la tournure prévue) : « Tout va bien, mon frère, je peux me voir voler dans cette machine, et elle vole facilement et sans interruption. » Ces frères Wright savaient ce qu'ils voulaient et en maintenaient l'image constamment devant eux.

Lorsque vous visualisez ou lorsque vous créez une image mentale, vous n'essayez pas de changer les lois de la nature. Vous les accomplissez. Votre objectif lors de la visualisation consiste à ordonner des éléments de manière stable, mentalement et physiquement. Lorsque vous vous rendez compte que cette méthode d'utilisation du pouvoir créateur permet à vos désirs de s'accomplir pratiquement les uns après les autres dans la matière, vous obtenez une confiance suprême dans la loi mystérieuse mais infaillible de l'attraction, dont le centre d'alimentation se situe au cœur même de votre mot-image. Rien ne peut la secouer. Vous n'estimez jamais qu'il vous faut prendre quoi que ce soit à quiconque. Vous avez appris que demander et chercher ont recevoir et trouver comme corrélatifs. Vous savez que tout ce que vous devez faire, c'est lancer le processus permettant à la substance plastique de l'Univers de s'écouler dans les moules de pensée fournis par votre désir-image.

CHAPITRE 2

Comment attirer à vous ce que vous désirez

Le pouvoir en vous qui vous permet de former une image de votre pensée est le point de départ de tout ce qui est. Dans son état originel, c'est la Substance Informe indifférenciée de la vie. L'image de votre pensée forme le moule (pour ainsi dire) dans lequel cette Substance Informe prend forme. La visualisation, ou la vision mentale des choses et des conditions telles que vous les souhaitez, correspond au pouvoir de condensation et de spécialisation en vous qui pourrait être illustré par la lentille d'une lanterne magique[1]. La lanterne magique est l'un des meilleurs symboles de cette faculté d'imagination. Elle illustre d'une manière remarquablement claire le fonctionnement de l'Esprit Créateur sur le plan de l'initiative et du choix (ou sous sa forme de spécialisation concentrée).

Cette plaque à image illustre votre propre image mentale – invisible dans la lanterne de votre esprit jusqu'à ce que vous allumiez la lumière de votre volonté. En d'autres termes, vous allumez votre désir avec la foi absolue que l'Esprit Créateur de la vie en vous effectue le travail. Par le flux constant de la lumière de votre volonté sur l'esprit, votre image désirée est projetée sur l'écran du monde physique, comme une reproduction exacte de la plaque à image de votre esprit.

Visualiser sans volonté suffisamment ferme pour maîtriser toutes les pensées et les émotions contraires à votre image serait tout aussi inutile qu'une lanterne magique sans lumière. D'autre part, si votre volonté est suffisamment développée pour

1. L'ancêtre de nos actuels projecteurs de diapositives.

maintenir votre image dans la pensée et l'émotion, sans « et si... », en réalisant simplement que votre pensée constitue le grand pouvoir de l'attraction, alors votre image mentale est tout aussi certaine d'être projetée sur l'écran de votre monde physique qu'une plaque à image placée dans la meilleure des lanternes magiques jamais fabriquées.

Essayez de projeter une image dans une lanterne magique avec une lumière qui balaie constamment d'un côté à l'autre et vous aurez l'effet d'une volonté incertaine. Il est tout aussi nécessaire que vous souteniez toujours votre image par une forte volonté constante qu'il est nécessaire d'avoir une forte lumière constante derrière la plaque.

L'assurance joyeuse avec laquelle vous fabriquez votre image est l'aimant très puissant de la foi, et rien ne peut l'oblitérer. Vous êtes plus heureux que jamais parce que vous avez appris à savoir où se trouve votre source d'approvisionnement et vous comptez sur sa réponse infaillible dans la direction souhaitée.

En fin de compte, le bonheur est la seule chose que tout être humain veut. L'étude de la visualisation vous permet d'obtenir plus de la vie que ce que vous avez apprécié auparavant. Des possibilités croissantes continuent à s'ouvrir encore et encore à vous.

Un homme d'affaires me dit une fois que depuis qu'il pratiquait la visualisation et qu'il s'était forgé l'habitude de consacrer quelques minutes de son temps chaque jour à penser au travail idéal qu'il désirait développer d'une grande et belle manière, ses affaires avaient plus que doublé en six mois. Sa méthode consistait à s'installer dans une pièce tous les matins avant le petit déjeuner et à y faire l'inventaire mental de ses affaires telles qu'il les avait laissées la veille, puis à agrandir sa vision à partir de là. Il dit qu'il s'est développé et accru de cette manière au point que ses affaires ont atteint un niveau de réussite remarquable. Il se voyait dans son bureau faisant tout ce qu'il voulait faire. Son métier exigeait de lui qu'il rencontre de nombreux étrangers chaque jour. Dans son image mentale, il se voyait rencontrer ces personnes, comprendre leurs besoins et y répondre de la manière souhaitée par ces personnes. Cette habitude, dit-il, avait renforcé et raffermi sa volonté d'une manière à peine concevable.

En outre, en visualisant mentalement ainsi ce qu'il souhaitait, il avait acquis le sentiment confiant qu'un pouvoir créateur certain s'exerçait pour lui et à travers lui afin d'améliorer son petit monde. Lorsque vous vous lancez sérieusement dans la visualisation, il se peut que vous ayez l'impression, comme tant d'autres, qu'autrui pourrait former la même image que vous et que, bien entendu, cela n'arrangerait pas vos affaires. Ne vous en souciez pas inutilement. Tentez simplement de comprendre que votre image constitue un exercice d'ordonnancement du Pouvoir Créateur Universel, appliqué de manière spécifique. Vous pouvez ainsi être sûr que personne ne peut travailler en opposition avec vous. La loi universelle de l'harmonie l'en empêche. Efforcez-vous de vous rappeler que votre image mentale est l'Esprit Universel qui exerce spécifiquement ses pouvoirs inhérents d'initiative et de choix.

Dieu, ou l'Esprit Universel, a fait l'homme dans le but tout particulier de se différencier à travers lui. Tout ce qui est a pris forme de cette même façon, par cette même loi d'autodifférenciation et pour le même but. D'abord l'idée, l'image mentale ou le prototype de la chose, qui est la chose elle-même sous sa forme naissante ou plastique.

Le Grand Architecte de l'Univers a envisagé de se manifester par le biais de son opposé polaire, la matière. Et l'idée s'est développée et s'est projetée jusqu'à ce que nous ayons un monde – de nombreux mondes.

Beaucoup de gens se demandent : « Mais pourquoi faut-il un monde physique? » Voici la réponse : parce que c'est la nature même de la Substance créatrice de se solidifier, sous la directivité plutôt que l'activité, tout comme c'est la nature de la cire de durcir lorsqu'elle refroidit ou celle du plâtre de Paris de devenir ferme et solide lorsqu'il est exposé à l'air. Votre image est cette même Substance divine dans son état de fluidité, qui prend forme par le centre individualisé de l'opération divine, votre esprit. Et aucun pouvoir ne peut empêcher à cette combinaison de Substance spirituelle d'adopter une forme physique. C'est la nature de l'Esprit de terminer ses œuvres, et une idée n'est pas complète tant qu'elle ne s'est pas fabriquée un véhicule.

Rien ne peut empêcher votre image d'entrer dans une forme concrète, excepté le même pouvoir qui lui a donné naissance – vous-même. Supposez que vous désiriez qu'une pièce soit plus ordonnée. Vous observez la pièce et l'idée de l'ordre suggère des boîtes, des placards, des étagères, des crochets et ainsi de suite. La boîte, le placard, les crochets, sont des idées concrètes de l'ordre. Des véhicules par lesquels l'ordre et l'harmonie se suggèrent.

Chapitre 3

La relation entre la forme mentale et la forme physique

Certaines personnes estiment qu'il est peu approprié d'utiliser la visualisation pour manifester des biens. « C'est trop matériel », disent-elles. Mais la forme matérielle est nécessaire pour permettre à l'esprit de se reconnaître du point de vue individuel. Et c'est le moyen par lequel la mise en œuvre du processus créateur a lieu. Par conséquent, loin d'être une illusion et quelque chose qui ne devrait pas exister (comme certains professeurs de métaphysique l'ont enseigné), la matière est le canal nécessaire à l'autodifférenciation de l'Esprit. Cependant, je ne désire pas vous mener dans un long et fatiguant raisonnement scientifique dans le but de lever le mystère de la visualisation et de lui donner une base logique. Il est bien entendu que chaque personne le fera à sa manière. Mon seul souhait est de vous spécifier la manière la plus douce que je connaisse, qui est la voie sur laquelle Troward me guide. Je suis sûre que vous conclurez comme moi que le seul mystère lié à la visualisation est le mystère de la vie qui prend forme, régie par des lois immuables et facilement comprises.

Nous possédons tous plus de pouvoir et de possibilités suprêmes que nous ne réalisons, et la visualisation est l'un de ces grands pouvoirs suprêmes. Elle nous permet d'observer d'autres possibilités. Lorsque nous nous arrêtons un moment pour penser, nous réalisons que pour qu'un cosmos existe, il doit être le résultat d'un Esprit Cosmique qui lie « tous les esprits individuels à une certaine unité générique d'action, produisant de ce fait tout comme une réalité et rien comme une illusion. » Si vous prenez cette pensée de Troward et que vous la méditez sous toutes réserves, vous réalisez sûrement que la forme matérielle concrète est une nécessité absolue du processus créateur, outre « que la matière n'est pas une illusion mais un canal nécessaire par lequel la vie se différencie. »

Si vous examinez la matière dans son ordre correct, comme l'opposé polaire de l'esprit, vous ne trouverez aucun antagonisme entre eux. Au contraire, ensemble ils constituent un tout harmonieux. Et lorsque vous comprenez ceci, vous sentez, dans votre pratique de visualisation, que vous travaillez de la cause à l'effet, du commencement à la fin. En réalité, votre image mentale est l'opération spécialisée de l'Esprit Créateur.

Nous pourrions discuter pendant des heures du cadre purement scientifique de ceci et montrer, comme le dit Troward, « que la matière première de la formation des systèmes solaires est universellement distribuée dans tout l'espace ». Pourtant, la recherche prouve que si les cieux sont constellés de millions de soleils, il existe des espaces qui ne montrent aucun signe d'activité cosmique. Cela étant vrai, quelque chose a dû lancer l'activité cosmique en certains endroits tout en passant par-dessus d'autres où la matière première était également disponible.

À première vue, on pourrait attribuer le développement de l'énergie cosmique aux particules éthériques elles-mêmes. Après investigation, cependant, nous découvrons que c'est mathématiquement impossible dans un milieu de support qui se retrouve également distribué dans tout l'espace, parce que toutes ses particules sont en équilibre donc aucune particule unique ne possède en soi de plus grand pouvoir qu'une autre pour lancer le mouvement.

Nous constatons ainsi que le mouvement initial, bien qu'il opère dans et à travers les particules de la Substance primaire, ne provient pas des particules elles-mêmes. C'est bien ce quelque chose que nous évoquons lorsque nous parlons de l'Esprit. Le même pouvoir qui a permis à la Substance Universelle d'exister manifestera votre pensée individuelle ou votre image mentale dans une forme physique. Le genre de pouvoir est le même. La seule différence est une différence d'échelle. Le pouvoir et la Substance sont identiques. Simplement, en élaborant votre image mentale, ce pouvoir a transféré son énergie créatrice de l'universel à l'échelle du particulier et opère de la même façon infaillible depuis son centre spécifique, votre esprit.

CHAPITRE 4

Comment fonctionne votre image mentale

Nous pouvons utiliser comme point de comparaison ici un important système de téléphonie. La centrale principale, ou la tête, se subdivise en de nombreuses centrales subsidiaires, chaque branche subsidiaire étant directement raccordée à sa source. Et chaque branche individuelle reconnaissant la source de son existence rapporte toute question à sa tête centrale. Par conséquent, lorsqu'une aide de quelque nature que ce soit est requise tels de nouvelles fournitures, des réparations difficiles à faire ou quoi que ce soit d'autre, la branche subsidiaire dans le besoin prend contact immédiatement avec sa tête centrale. Elle ne penserait pas à envoyer ses difficultés (ou ses succès) à la centrale principale d'un système de télégraphie (bien qu'elles appartiennent à la même organisation). Ces différentes centrales subsidiaires savent que le seul remède à toute difficulté doit venir de la centrale dont elles sont projetées. Si nous, en tant que branches individuelles de l'Esprit Universel envoyions nos difficultés avec autant de confiance à la Source dont nous sommes projetés, et si nous utilisions les remèdes qu'elle nous fournit, nous comprendrions ce que Jésus voulait dire par « Demandez et vous recevrez ». Nous recevrions tout ce dont nous avons besoin. Il est certain que le père doit approvisionner l'enfant. Le tronc de l'arbre ne peut que pourvoir à ses branches.

Tout ce qui est animé ou inanimé est appelé à l'existence ou à l'éminence par un pouvoir qui ne s'avance pas. Le pouvoir qui crée l'image mentale, la substance de l'Esprit Créateur de votre désir imaginé ne s'avance pas. Elle projette sa propre substance, qui est une contrepartie solidifiée d'elle-même, alors qu'elle-même reste invisible à l'œil nu. Seuls apprécieront la valeur de la visualisation ceux qui peuvent réaliser la signification de ces mots de Paul : « Les mondes ont été formés par le verbe de Dieu. Les choses visibles ne sont pas constituées de choses qui apparaissent. »

Il n'y a rien d'insolite ou de mystérieux dans l'idée que votre désir imaginé prenne une forme matérielle. C'est le fonctionnement d'une loi naturelle universelle. Le monde fut projeté par l'autocontemplation de l'Esprit Universel, et cette même action a lieu dans sa branche individualisée qui est l'esprit de l'homme. Tout dans le monde entier a son commencement dans l'Esprit et se met à exister exactement de la même façon, depuis le chapeau sur votre tête jusqu'aux chaussures à vos pieds. Tout est pensée projetée et solidifiée.

Votre avancée personnelle dans l'évolution dépend de votre bonne utilisation du pouvoir de la visualisation. Votre utilisation de celle-ci repose sur votre propre reconnaissance en tant que centre particulier par lequel et dans lequel l'Esprit Créateur trouve toujours une nouvelle manière d'exprimer les potentialités qui existent déjà en lui-même. C'est cela l'évolution : ce déploiement continuel de choses existantes qui sont cependant invisibles extérieurement.

Votre image mentale est la force d'attraction qui se développe et combine la Substance Créatrice dans une forme spécifique. Votre image est la centrale de combinaison et d'évolution, pour ainsi dire, par laquelle l'Esprit Créateur s'est exprimé. Son action créatrice est sans limites, sans commencement ni fin, et est toujours progressive et ordonnée. « Elle procède étape par étape, chaque étape constituant une préparation nécessaire pour la suivante. »

Voyons maintenant si nous pouvons percevoir les différentes étapes par lesquelles les choses du monde en sont venues à exister. Troward dit : « Si nous pouvons atteindre le principe opérationnel qui produit ces résultats, nous pouvons très rapidement et aisément lui donner une application personnelle. D'abord, nous constatons que la pensée de la vie ou de l'Esprit créateur à son propre sujet est sa simple conscience de son propre être, et ceci produit un éther primaire, une Substance Universelle à partir de laquelle tout dans le monde doit se développer. »

Troward nous dit également que « bien que cette conscience d'être soit une base nécessaire pour toute autre possibilité, il n'y a pas trop à en dire. » Il en va de même pour l'esprit individualisé, c'est-à-dire vous-même. Avant d'entretenir l'idée qu'élaborer une image mentale de votre désir se révélera très pratique, vous devez avoir une certaine idée de votre être, de votre « Je suis », et aussitôt que vous êtes conscient de votre qualité de « Je suis », vous commencerez à souhaiter apprécier la liberté que cette conscience propose. Vous voulez faire plus et être plus, et tandis que vous accomplissez ce désir en vous, l'esprit localisé lance des activités conscientes en vous.

Ce qui vous intéresse le plus, c'est l'action spécifique de l'Esprit Créateur de la vie, l'Esprit Universel spécialisé. Le germe divin localisé en vous est votre personnalité, votre individualité, et puisque la joie de la liberté absolue est la nature inhérente de ce germe divin, il est naturel qu'il s'efforce de prendre du bon temps grâce à son centre spécifique. Lorsque vous développez la compréhension que votre être, votre individualité, c'est Dieu qui se particularise lui-même, vous développez naturellement des tendances divines.

Vous voulez apprécier la vie et la liberté. Vous voulez jouir de la liberté dans vos affaires aussi bien que dans votre conscience, et il est naturel que vous le fassiez. Ce souhait progressif comporte toujours une image-pensée faible. Lorsque votre souhait et votre reconnaissance se développent en un désir intense, ce désir devient une image mentale claire. Par exemple, une jeune dame qui étudie la musique désire posséder un piano pour pouvoir s'exercer à la maison. Elle veut tellement ce piano qu'elle peut mentalement le voir dans l'une de ses pièces. Elle entretient l'image du piano et se livre à la réflexion mentale du plaisir et de l'avantage qu'apporterait le fait d'avoir ce piano dans un coin du salon. Un jour, elle l'y trouve, juste comme elle l'avait imaginé.

Lorsque vous développez votre propre compréhension de vous-même, d'où vous venez, du but de votre être et de la manière dont vous devez accomplir votre but, vous offrez de plus en plus un centre à travers lequel l'Esprit Créateur de la vie peut prendre du bon temps. Et vous vous rendrez compte qu'il ne peut y avoir qu'un processus créateur qui remplisse tout l'espace, identique dans sa potentialité qu'il soit universel ou individuel. En outre, tout ce qui est, que ce soit sur le plan visible ou invisible, a trouvé son origine dans l'action localisée de la pensée ou d'une image mentale, et cela vous inclut vous, parce que vous êtes l'Esprit Universel localisé et que la même action créatrice se produit à travers vous.

Vous vous demandez sans doute maintenant pourquoi il y a tellement de maladie et de misère dans le monde. Si ce même pouvoir et cette même intelligence qui ont amené le monde à exister opèrent dans l'esprit de l'homme, pourquoi ne se manifestent-t-il pas sous la forme de la force, de la joie, de la santé et de l'abondance? Si quiconque peut voir ses désirs accomplis en élaborant simplement une image mentale de ces désirs, en s'y accrochant volontairement et en réalisant sur la plan extérieur, sans anxiété aucune, tout ce qui semble nécessaire pour amener la réalisation de ces désirs, alors il ne semble pas y avoir de raison qu'existent la maladie et la pauvreté. Et il est certain que personne ne les désire non plus.

La première raison de leur existence, c'est que peu de personnes prendront la peine de s'informer sur le principe opérationnel des lois de la vie. Si elles le faisaient, elles se convaincraient bien vite qu'il n'y a pas de raison que la maladie et la pauvreté que nous voyons autour de nous existent. Elles se rendraient compte quc la visualisation est un principe et non pas une illusion.

Quelques personnes ont trouvé intéressant d'étudier cette loi simple et cependant absolument infaillible, qui les délivrera de l'asservissement.

Cependant, la race dans son ensemble n'est pas disposée à accorder le temps nécessaire à cette étude. C'est soit trop simple soit trop difficile. Elle peut former pendant un jour ou deux une image de son désir saupoudrée d'un tant soit peu de compréhension de la visualisation, mais elle se contente plus fréquemment d'une heure environ.

Si vous tenez à vous voir mentalement entouré des biens et des conditions souhaitées, vous comprendrez que l'Énergie Créatrice envoie sa substance plastique dans la direction indiquée par la tendance de vos pensées. C'est là que réside l'avantage d'entretenir vos pensées sous la forme d'une image mentale.

Plus vous êtes capable d'introduire de l'enthousiasme et de la foi dans votre image, plus vite elle adoptera une forme visible. Votre enthousiasme s'accroît en entretenant votre désir secret. Dès le moment où vous parlez de votre désir à une âme vivante, votre pouvoir s'en retrouve affaibli[2]. Votre pouvoir, votre aimant d'attraction n'est pas si fort, et par conséquent ne peut pas atteindre son accomplissement. Plus vous arrivez à garder parfaite-

2. NDT : Il existe différents points de vue et autant d'arguments concernant la divulgation ou non de notre désir. Personnellement, j'invite chacun à se laisser ressentir ce qui lui convient le mieux.

ment le secret entre votre esprit et votre être extérieur, plus vous donnez de la vitalité à votre pouvoir d'attraction. Vous parlez de vos ennuis pour les affaiblir, pour les sortir de votre esprit, et lorsque vous formulez une pensée, son pouvoir s'en retrouve dispersé. Parlez-vous-en à vous-même et notez-la même, puis détruisez immédiatement le papier.

Ceci ne signifie pas pourtant que vous deviez vous efforcer énergiquement de forcer le pouvoir d'élaborer votre image selon les caractéristiques particulières que vous croyez requises. Cette méthode vous épuiserait vite et gênerait la réalisation de votre but. Un proche fortuné n'a pas nécessairement besoin de mourir et personne n'a besoin de perdre une fortune dans la rue pour que vous puissiez matérialiser les dix mille dollars que vous imaginez mentalement.

L'un des portiers de l'immeuble dans lequel je vis a beaucoup entendu parler de l'élaboration d'images mentales des désirs de la part des visiteurs qui sortent de chez moi. Le désir était en moyenne de cinq cents dollars. Il pensa que cinq dollars seraient plus dans ses cordes et se mit à les visualiser sans avoir la moindre idée d'où ou de comment il les obtiendrait. Ce jour-là, mon perroquet s'envola par la fenêtre et je demandai aux hommes dans la cour de l'attraper et de me le rapporter. L'un d'eux l'attrapa et se fit mordre le doigt.

Le portier, qui portait des gants et ne craignait pas de se blesser, le saisit et me l'apporta. Je lui donnai cinq billets d'un dollar pour le remercier. Cette récompense soudaine le surprit. Il me dit avec enthousiasme qu'il avait visualisé tout juste cinq dollars, rien qu'en entendant ce que les autres visualisaient. Il était enchanté de la réalisation inattendue de son image mentale.

Il vous suffit d'élaborer l'image mentale du désir de votre cœur, de la maintenir gaiement en place par votre volonté en gardant à l'esprit que ce même Pouvoir Infini que manifesta l'Univers vous a manifesté dans le but de prendre du bon temps en vous et à travers vous. Et comme il est toute vie, tout amour, toute lumière, toute puissance, toute paix, toute beauté et toute joie, et qu'il est le seul pouvoir créateur qui soit, la forme qu'il prend en vous et à travers vous dépend de la direction que vous lui donnez par l'indication de vos pensées. Il est indifférencié en vous et attend de pouvoir prendre la direction qui lui est donnée tandis qu'il passe à travers l'instrument qu'il a créé dans le but de s'autodistribuer.

C'est ce pouvoir qui vous permet de transférer vos pensées d'une forme à l'autre. Le pouvoir de changer d'avis est le pouvoir universel individualisé qui prend l'initiative et qui donne la direction à la substance fluide contenue dans chaque pensée. C'est la chose la plus simple au monde que de donner à cette substance plastique extrêmement sensible la forme que vous désirez, par la visualisation.

N'importe qui peut le faire, avec le moindre effort.

Une fois que vous croyez vraiment que votre esprit est un centre par lequel la substance plastique de tout ce qui est dans votre monde prend une forme involontaire, la seule raison pour laquelle votre image ne se matérialise pas toujours, c'est parce que vous avez introduit quelque chose de contraire au principe fondamental. Très souvent, cet élément destructeur est provoqué par la fréquence avec laquelle vous changez vos images. Une fois ces nombreux changements apportés, vous décidez que votre désir d'origine est ce que vous voulez après tout. À cette conclusion, vous commencez à vous demander pourquoi, « comme c'était votre première image », elle ne s'est pas matérialisée. La substance plastique avec laquelle vous traitez mentalement est plus sensible que le film photographique le plus sensible. Si, en prenant une photo, vous vous rappelez soudain que vous aviez déjà pris une image sur la même plaque, vous ne vous attendez pas au résultat parfait de l'une ou l'autre de ces images.

D'autre part, il se peut que vous ayez pris inconsciemment deux photos sur la même plaque. Une fois la plaque développée et l'image devenue visible, vous ne condamnez pas le principe même de la photographie. Vous n'êtes pas non plus perplexe et vous ne vous demandez pas non plus pourquoi votre image laisse tellement à désirer. Vous n'estimez pas qu'il vous est impossible d'obtenir une image claire du sujet en question. Vous savez que vous pouvez le faire, en recommençant simplement, en mettant une nouvelle plaque et en décidant de faire plus attention lors de votre prochaine prise d'image. Une fois que vous avez procédé ainsi, vous êtes sûr d'obtenir un résultat satisfaisant. Si vous procédez de la même manière avec votre image mentale, en agissant avec une disposition d'esprit proportionnellement confiante, le résultat sera tout aussi parfait.

Les lois de la visualisation sont aussi infaillibles que les lois régissant la photographie. En fait, la photographie est le résultat de la visualisation. À nouveau, les résultats de votre visualisation et de vos désirs peuvent être imparfaits ou retardés par une mauvaise utilisation de ce pouvoir si vous entretenez la pensée que la réalisation de votre désir repose sur certaines personnes ou sur certaines conditions. Le principe créateur ne repose en rien sur une personne, sur un lieu ou sur une chose. Il n'a pas de passé et ne connaît pas de futur.

La loi dit que le principe créateur de la vie est « l'universel ici et l'éternel maintenant ». Il crée ses propres véhicules à travers lesquels il opère. Par conséquent, l'expérience passée n'a aucune incidence sur votre image actuelle. Ainsi, n'essayez pas d'obtenir votre désir par un canal qui risque de ne pas lui être naturel, même si cela peut vous sembler raisonnable. Votre sentiment doit être que la chose, ou la conscience que vous désirez tellement, est normale et naturelle. C'est une partie de vous-même, une forme de votre évolution. Si vous arrivez à ressentir cela, aucun pouvoir ne peut vous empêcher d'apprécier la réalisation de l'image que vous avez à l'esprit ou de toute autre.

Chapitre 5

L'expression des débutants

Des centaines de personnes se sont rendues compte que la « visualisation est une lampe d'Aladin pour celui qui est doté d'une volonté puissante ». Le général Foch dit que ses sentiments furent si outragés en 1870 pendant la guerre franco-prussienne qu'il s'est visualisé menant à la victoire une armée française contre les Allemands. Il dit qu'il élabora son image, fuma sa pipe et attendit. C'est le résultat d'une visualisation dont nous sommes tous familiers.

Une actrice célèbre écrivit un long article dans l'un des principaux journaux du dimanche l'hiver passé où elle décrivit comment elle s'était débarrassée d'un excès de graisse corporelle et d'un excédent de poids en visualisant constamment la silhouette qu'elle voulait exhiber.

Une lettre très intéressante me parvint en provenance de l'épouse d'un docteur tandis que je donnais une conférence à New York. Elle commença en émettant l'espoir que je ne cesserais jamais mes conférences sur la visualisation pour faire comprendre à l'humanité ce fait merveilleux que tous les hommes possèdent en eux leur propre mode de libération. Se référant à sa propre expérience, elle me dit qu'elle était née dans le quartier le plus pauvre de New York, du côté est. Depuis sa plus tendre enfance, elle avait caressé le rêve d'épouser un jour un médecin. Ce rêve se développa progressivement en une image mentale stable. Le premier poste qu'elle obtint fut en qualité de bonne d'enfants dans la famille d'un médecin.

Quittant cette place, elle entra dans la famille d'un autre docteur. L'épouse de son employeur mourut et, en son temps, le docteur l'épousa, résultat de son désir longtemps imaginé. Ensuite, elle et son mari conçurent l'idée de posséder une exploitation fruitière dans le Sud. Ils formèrent une image mentale de l'idée et mirent toute leur foi dans sa réalisation finale. La lettre qu'elle m'envoyait provenait de leur exploitation fruitière dans le Sud. Elle m'écrivait de la ferme. Sa deuxième image mentale avait vu la lumière de sa matérialisation.

De nombreuses lettres de même nature me parviennent chaque jour. Voici un cas qui fut imprimé dans le *New York Herald* au mois de mai passé :

Atlantic City, le 5 mai

C'était une vieille dame, et lorsqu'elle fut traduite devant un tribunal et poursuivie devant le juge Clarence Goldenberg dans le tribunal de police aujourd'hui, elle se montra si faible et si fatiguée qu'elle pouvait à peine tenir debout. Le juge demanda au préposé de quoi elle était accusée.

« Vol d'une bouteille de lait, votre honneur », répéta l'agent. « Elle l'a prise sur le seuil d'une villa du centre, un peu avant l'aube. »

« Pourquoi avez-vous fait ça? », demanda le juge Goldenberg.

« J'avais faim », dit la vieille dame. « Je n'avais pas un centime et aucun moyen d'obtenir de quoi manger, si ce n'est en le volant. J'ai pensé que cela ne dérangerait personne si je prenais une bouteille de lait. »

« Comment vous appelez-vous? », demanda le juge.

« Weinberg », dit la vieille dame, « Elizabeth Weinberg. »

Le juge Goldenberg lui posa quelques questions. Puis il dit :

« Eh bien, vous n'êtes pas très riche maintenant, mais vous n'êtes plus pauvre. Je vous cherche depuis des mois. J'ai cinq cents dollars qui vous appartiennent de la succession d'un parent. J'en suis l'exécuteur testamentaire. »

Le juge Goldenberg paya l'amende de la dame de sa propre poche et l'escorta ensuite dans son bureau, où il lui remit son héritage et envoya un policier lui trouver un logement.

J'appris plus tard que cette petite dame avait désiré et mentalement imaginé cinq cents dollars, tout en ignorant la façon dont cette somme pourrait lui arriver. Mais elle maintint sa vision et la renforça de sa foi.

Dans un numéro récent de *Good Housekeeping*, il y avait un article d'Addington Bruce intitulé « Comment renforcer votre énergie mentale ». Il est très instructif et sa lecture bénéficierait à tout le monde. Il dit, en partie : « Formez l'habitude de consacrer quelques minutes chaque jour à penser à votre travail avec beaucoup d'imagination, car c'est une nécessité vitale pour vous-même et un service utile pour la société. »

Huntington, le grand magnat des chemins de fer, avant de commencer à construire sa route entre les deux côtes, dit qu'il effectua des centaines de voyages tout au long de la ligne avant même qu'un rail n'y soit étendu. On dit qu'il s'asseyait pendant des heures avec une carte des États-Unis devant lui et qu'il voyageait mentalement d'une côte à l'autre dans son image mentale accomplie. Il me serait possible d'attirer votre attention sur des centaines de cas semblables.

La meilleure méthode de vous imaginer ce que vous pouvez désirer est simple et agréable, si vous comprenez suffisamment le principe qui le sous-tend pour y croire. Par-dessus tout, soyez sûr de ce que vous voulez vraiment. Ensuite, spécifiez votre désir selon ces lignes.

Chapitre 6

Quelques suggestions pour l'élaboration de votre image mentale

Peut-être voulez-vous avoir l'impression d'avoir vécu dans un certain but. Vous voulez être content et heureux, et vous estimez qu'avec une bonne santé et une activité prospère vous pourriez apprécier cet état d'esprit. Lorsque vous avez décidé une fois pour toutes ce que vous voulez, vous procédez en vous imaginant en bonne santé et en imaginant votre activité aussi prospère que ce que vous pouvez concevoir comme développement.

Le meilleur moment pour élaborer votre image définie est juste avant le petit déjeuner et avant de vous retirer pour la nuit. Comme il vous faut y accorder une abondance de temps, il peut être nécessaire de vous lever plus tôt que d'habitude. Allez dans une pièce où vous ne serez pas dérangé, méditez pendant un moment sur le fonctionnement pratique de la loi de la visualisation et demandez-vous : « Comment s'est manifesté à l'origine tout ce qui me concerne? Comment me serait-il utile d'avoir plus rapidement accès à la réserve invisible? »

Un jour, quelqu'un a estimé que son confort serait mieux exprimé et éprouvé en s'asseyant sur une chaise plutôt que sur le plancher. Le début de la méditation, la chaise, représentait le désir d'être à l'aise. Avec ceci vint l'image d'une certaine sorte de chaise. Le même principe s'applique aux chapeaux et aux vêtements que vous portez. Entrez soigneusement dans cette pensée du principe qui sous-tend la chose.

Établissez-la comme une expérience personnelle. Faites-en un fait pour votre conscience. Si vous êtes minutieux, vous vous retrouverez dans la conscience profonde qui réside sous la surface de votre propre pouvoir de pensée. Ouvrez ensuite une fenêtre, respirez environ dix fois profondément et, pendant ce temps, dessinez un grand cercle imaginaire de lumière autour de vous. Lorsque vous inspirez (en vous maintenant dans le centre de ce cercle de lumière), voyez de grands rayons de lumière entrer depuis le cercle dans votre corps de tous côtés et se centraliser sur votre plexus solaire. Retenez votre souffle quelques moments au point de cette lumière centrale de votre corps (le plexus solaire), puis expirez lentement. Lorsque vous faites ceci mentalement, voyez des rayons ou des jets imaginaires de lumière monter dans votre corps et descendre et sortir par vos pieds. Vaporisez mentalement votre corps tout entier de cette lumière imaginaire. Lorsque vous avez fini l'exercice de respiration, asseyez-vous dans une chaise droite confortable et sachez mentalement qu'il n'y a qu'une Vie, une Substance, et que cette Substance Universelle de vie trouve plaisir à se reconnaître en vous. Répétez une affirmation de ce genre, jusqu'à ce que vous sentiez la vérité et la réalité des mots que vous affirmez. Commencez ensuite à élaborer votre image.

Peu importe que votre désir soit un désir d'état de conscience ou de possession, grande ou petite, commencez au début. Si vous voulez une maison, commencez par vous voir dans le genre de maison que vous désirez. Parcourez-la en tous sens, en prenant soigneusement note de ses pièces, des endroits où les fenêtres sont situées et d'autres détails de ce genre qui vous aident à sentir la réalité de votre concept.

Vous pourriez modifier certains meubles et vous regarder dans les miroirs, juste pour vous voir en bonne santé, riche et heureux. Repassez votre image encore et encore jusqu'à ce que vous en ressentiez la réalité, puis notez-la telle que vous l'avez vue, avec le sentiment que « le meilleur qui est, est à moi. Il n'y a aucune limite à ce que je désire, parce que mon esprit est un centre d'opération divine », et votre image est aussi certaine de se réaliser dans votre monde physique que le soleil l'est de briller.

Chapitre 7

Souvenez-vous

Lorsque vous utilisez votre pouvoir de penser pour produire de nouvelles conditions :

1. Assurez-vous de savoir quelles conditions vous souhaitez produire. Pcsez alors soigneusement les résultats qu'engendrera l'accomplissement de votre désir.
2. En maintenant votre pensée sur une certaine image mentale, vous concentrez l'Esprit Cré-

ateur sur ce centre où toutes ses forces sont équilibrées.

3. La visualisation équilibre votre esprit objectif, ce qui vous permet de diriger consciemment le courant de l'Esprit vers un but précisément identifié et de guider soigneusement votre pensée de manière à ne pas y inclure de courant contraire.

4. Vous devez toujours garder à l'esprit que vous avez affaire à une énergie potentielle merveilleuse, non encore différenciée dans un moule particulier, et que, par l'action de votre esprit, vous pouvez la différencier dans le moule précis que vous désirez utiliser. Votre image vous aide à maintenir votre esprit fixé sur le fait que l'afflux de cette énergie créatrice se produit. En outre, par votre image mentale, vous déterminez la direction que vous souhaitez que le pouvoir créateur suive, et ce faisant, l'externalisation de votre image est une certitude.

5. Rappelez-vous que lorsque vous visualisez correctement, vous ne devez produire aucun effort laborieux pour maintenir vos formes-pensées en place. L'effort laborieux ruine

votre but et suggère la prise de conscience d'une force hostile à combattre, ce qui crée des conditions hostiles à votre image.

6. En maintenant votre image dans une disposition d'esprit enjouée, vous chassez toutes les pensées qui disperseraient le noyau spirituel de votre image. Comme la loi est créatrice dans son action, votre désir imaginé est sûr de s'accomplir.

7. Le septième point important à vous rappeler en matière de visualisation, c'est que vous élaborez une image mentale dans le but de déterminer la qualité que vous donnez à la substance et à l'énergie auparavant indifférenciée, et non pour arranger les circonstances spécifiques de sa manifestation. Ce dernier point est du ressort du Pouvoir Créateur lui-même. Il créera ses propres formes d'expression tout à fait naturellement si vous le laissez faire et il vous économisera une grande quantité de souci inutile. Ce que vous voulez vraiment, c'est vous développer dans une certaine direction, que ce soit dans le sens de la santé, de la richesse, ou de quoi que ce soit d'autre. Si vous l'obtenez (et vous

> l'obtiendrez sûrement si vous vous accrochez avec confiance à votre image), quelle importance cela peut-il avoir que cela se produise par le canal auquel vous pensiez ou par tout autre canal dont vous ne soupçonniez même pas l'existence. Vous concentrez l'énergie d'une certaine manière, dans un certain but. Gardez ceci à l'esprit et laissez les détails spécifiques prendre soin d'eux-mêmes. Et ne révélez jamais votre intention à quiconque.[3]

Rappelez-vous toujours que la nature, depuis sa surface clairement visible jusqu'à ses profondeurs les plus mystérieuses, est un vaste entrepôt de lumière et de bonté entièrement voué à votre utilisation individuelle. Votre unité consciente avec le Grand Tout est le secret de votre succès. Lorsque vous avez compris ceci, vous pouvez apprécier la possession du tout ou d'une partie du tout, à volonté, parce qu'en reconnaissant ceci, vous l'avez fait vôtre et vous pouvez le faire de plus en plus vôtre.

N'oubliez jamais que chaque élément physique, qu'il soit en votre faveur ou contre vous, fut une pensée soutenue avant d'exister.

3. Voir deuxième note.

La pensée en tant que telle n'est ni bonne ni mauvaise. Elle est action créatrice et adopte toujours une forme physique.

Par conséquent, les pensées que vous entretenez deviennent les éléments que vous possédez ou les éléments que vous ne possédez pas.

Chapitre 8

Pourquoi j'ai entrepris d'étudier la Science Mentale

J'ai souvent été interrogée sur les raisons qui m'ont poussée à entreprendre l'étude de la Science Mentale et sur les résultats de mes recherches, non seulement quant à la connaissance des principes, mais également par rapport à l'application de cette connaissance au développement de ma propre vie et de ma propre expérience.

De telles investigations sont justifiables, parce que celui qui s'essaye au rôle de messager et de professeur de vérités psychologiques ne peut être efficace et convainquant que dans la mesure où il les a testées dans le laboratoire de son expérience mentale. C'est particulièrement vrai dans mon cas, seule élève privée de Thomas Troward, le plus grand maître de la Science Mentale d'aujourd'hui, dont l'enseignement repose sur la relation portée par l'esprit individuel vis-à-vis de l'Esprit Créateur universel qui est le donateur de la vie, et la manière dont cette relation peut être invoquée pour obtenir l'expansion et une plus pleine expression dans la vie individuelle.

L'impulsion initiale qui m'a menée vers l'étude de la Science Mentale fut un sentiment accablant de solitude. Toute vie doit voir surgir des expériences d'isolements spirituels telles que celle qui, à cette période, envahit ma vie.

Malgré le fait que chaque journée me trouvait entourée d'amis, de rires et de gaieté, j'avais le sentiment persistant d'être seule au monde. J'étais veuve depuis environ trois ans, errant d'un pays à l'autre, à la recherche de la paix de l'esprit.

Les circonstances et le décor de ma vie étaient tels que mes amis me considéraient comme une jeune femme exceptionnellement chanceuse. S'ils reconnaissaient que j'avais éprouvé une grande perte lors du décès de mon mari, ils savaient que celui-ci m'avait laissée bien pourvue, libre d'aller n'importe où à ma guise et comptant beaucoup d'amis. Cependant, si mes amis avaient pu pénétrer mes émotions les plus secrètes, ils auraient découvert un sentiment profond de vide et d'isolement. Ce sentiment inspira en moi un esprit agité qui me conduisait indéfiniment dans une recherche stérile à l'extérieur de ce qui – je l'appris plus tard – ne pouvait s'obtenir que de l'intérieur.

J'étudiai la Science Chrétienne[4], mais elle ne me donna aucune consolation bien que je réalisais entièrement l'énorme travail effectué par les scientistes et que j'aie même eu le plaisir et le privilège de rencontrer personnellement Madame Eddy. Mais il m'était impossible d'accepter les enseignements

4. La Science Chrétienne ou *Christian Science* a pour fondements les paroles et les œuvres du Christ, Jésus. Elle a été découverte aux États-Unis en 1866 par Mary Baker Eddy qui la définit elle-même comme « ... le système scientifique de la guérison divine ». Ses enseignements sont exposés dans le livre intitulé *Science et santé avec la clef des écritures* où l'auteure explique sa découverte des lois universelles spirituelles qui, mises en pratique, apportent réconfort, régénération et guérison. La Science chrétienne est apparue en France dès 1890. Elle compte aujourd'hui des églises dans plusieurs régions de France et dans le monde entier.

fondamentaux de la Science Chrétienne et de les appliquer pratiquement.

Alors que j'étais sur le point d'abandonner ma recherche de satisfaction et de me résigner à reprendre une vie d'amusement apparent, une amie m'invita à rendre visite au grand visionnaire et professeur Abdul Baha[5]. Après mon entrevue avec cet homme des plus merveilleux, ma recherche de satisfaction commença à changer. Il m'avait dit que je voyagerais de par le monde à la recherche de la vérité et que, lorsque je l'aurais trouvée, je l'exprimerais haut et fort. La réalisation de la déclaration de ce grand visionnaire me semblait alors impossible. Mais elle comportait une mesure d'encouragement et indiquait au moins que mon ancienne recherche avait été effectuée dans la mauvaise direction. Je commençai d'une piètre manière, en tâtonnant, à trouver une forme de contentement en moi, car n'avait-il pas suggéré que je devais trouver la vérité? C'était ça l'important, et à peu près la seule chose dont je me rappelle de notre entrevue.

5. La plus récente des grandes religions et pourtant la plus répandue géographiquement après le christianisme, la foi baha'ie donne des preuves logiques de l'immortalité de l'âme. Baha'u'llah qui fonda cette foi mondiale nomma son fils Abdul Baha (appelé par lui la « plus grande branche » et « le mystère de Dieu ») pour lui succéder. Abdul Baha n'avait pas d'héritier mâle, car son seul fils mourut enfant. Il devint le dernier roi à s'asseoir sur le trône de David depuis 3000 ans d'histoire.

Quelques jours plus tard, alors que je visitais le bureau d'un praticien de la Nouvelle Pensée, mon attention fut attirée par un livre sur sa table intitulé *The Edinburgh Lectures on Mental Science*, par Thomas Troward. Cela m'intéressait d'apprendre que Troward était un juge divisionnaire retraité du Pendjab en Inde. J'achetai le livre en me disant que je le lirais le soir même. Plusieurs tentèrent de faire la même chose pour se rendre compte simplement, comme ce fut mon cas, que le livre doit être étudié afin d'être compris, et des centaines ont décidé, comme moi, de lui accorder toute leur attention.

Après avoir trouvé ce joyau de lecture, je partis à la campagne pendant plusieurs jours et y étudiai le volume aussi minutieusement que possible. Il me semblait extrêmement difficile, aussi je décidai d'acheter un autre livre de Troward dans l'espoir que son étude n'exige pas autant d'effort. Au cours de mes recherches, j'appris qu'un volume ultérieur, *The Dore Lectures on Mental Science*, était de loin plus simple et bien meilleur. Lorsque je me le procurai, je constatai qu'il devait également être étudié. Il me fallut des semaines et des mois pour obtenir ne fut-ce qu'une vague conception de la signification du premier chapitre de *Dore*, intitulé « Entering Into the Spirit of It » (entrer dans son esprit). Ce que je veux dire par ceci, c'est qu'il m'a fallu des mois pour entrer dans l'esprit de ce que je lisais.

Mais en attendant, un paragraphe de la vingt-sixième page attira mon attention. Ce me semblait être la plus belle chose que j'aie jamais lue. Je l'appris par cœur et m'efforçai de toute mon âme d'entrer dans l'esprit des mots de Troward. Le paragraphe dit : « Mon esprit est un centre d'opération divine. L'opération divine favorise toujours l'expansion et la plus pleine expression, ce qui signifie qu'elle produit quelque chose qui dépasse ce qui s'en est allé, quelque chose d'entièrement nouveau qui n'est pas inclus dans l'expérience passée et qui en procède cependant selon une séquence ordonnée de croissance. Par conséquent, comme le divin ne peut pas modifier sa nature inhérente, il doit opérer de la même manière avec moi. Ainsi, dans mon propre monde particulier, dont je suis le centre, il va aller de l'avant pour produire de nouvelles conditions qui devanceront toujours celles qui s'en sont allées. »

Il m'a fallu un certain effort pour apprendre par cœur ce paragraphe, mais dans l'effort fourni vers ce but, les mots semblaient m'apporter un certain stimulus. Chaque répétition du paragraphe me permettait d'entrer plus facilement dans leur esprit. Les mots exprimaient exactement ce que j'avais recherché. Mon seul désir était de trouver la paix de l'esprit. Je trouvais réconfortant de croire que l'opération divine en moi pouvait se développer dans sa plus pleine expression et produire de plus en plus de contentement – en fait, une paix de l'esprit et un degré de contentement plus grand que ce que j'avais connu auparavant. Par ailleurs, le paragraphe m'inspira le profond intérêt de ressentir que l'étincelle de vie en moi pouvait amener dans ma vie quelque chose d'entièrement nouveau. Je ne voulais pas effacer mon expérience passée, et Troward disait précisément que cela ne se produirait pas. L'opération divine n'exclurait pas mon expérience antérieure, mais le fait de poursuivre à partir d'elle apporterait de nouvelles choses qui transcenderaient tout ce que j'avais expérimenté auparavant. La méditation sur ces déclarations m'apporta un réel sentiment de joie.

Comme il me serait merveilleux de pouvoir accepter et sincèrement croire, sans aucun doute, que ce seul énoncé de Troward est vrai. C'est sûr que le divin ne peut pas modifier sa nature inhérente, et comme la vie divine opère en moi, je dois être divinement habitée et le divin en moi doit opérer tout comme il opère sur le plan universel. Ceci signifie que la totalité de mon monde de circonstances, d'amis et de conditions doit en fin de compte devenir un monde de contentement et de plaisir dont « Je suis le centre ». Tout ceci se produirait aussitôt que je pourrais contrôler mon esprit et fournir de ce fait un centre concret autour duquel les énergies divines pourraient jouer. Cela valait certainement la peine de le tenter. Si Troward avait trouvé cette vérité, pourquoi pas moi?

L'idée m'accrocha à la tâche. Plus tard, je décidai d'étudier avec l'homme qui avait énoncé et offert au monde un si grand énoncé. Il m'avait arraché à mon état de découragement. Ma difficulté immédiate était un besoin de finances accru.

Chapitre 9

Comment j'ai attiré vingt mille dollars

Dans le laboratoire de l'expérience où devait être testée ma relation nouvellement révélée à l'opération divine, le premier problème était d'ordre financier. Mon revenu était fixé et tout à fait suffisant pour mes besoins journaliers. Mais il ne semblait pas suffisant pour me permettre de me rendre confortablement en Angleterre, là où Troward vivait, et d'y demeurer pendant une période indéfinie afin d'étudier avec ce grand professeur. Ainsi, avant même d'enquêter pour savoir si Troward prenait des élèves ou si j'étais admissible, je me mis à utiliser le paragraphe que j'avais appris par cœur. Tous les jours, presque toutes les heures en fait, j'avais ces mots à l'esprit : « Mon esprit est un centre d'opération divine, et qui dit opération divine dit expansion dans quelque chose de mieux que ce qui s'en est allé. »

Dans les lectures d'Edinburgh, j'avais lu un passage concernant la Loi de l'Attraction, et du chapitre « Causes and Conditions », j'avais glané une idée vague de la visualisation. De sorte que chaque nuit, avant d'aller dormir, j''élaborais une image mentale des vingt mille dollars désirés. Je comptais vingt billets de mille dollars chaque nuit dans ma chambre à coucher. Puis, dans l'idée d'impressionner avec plus d'importance encore mon esprit du fait que ces vingt mille dollars avaient pour but d'aller en Angleterre et d'y étudier avec Troward, je notai mon image par écrit, me voyant acheter un billet de paquebot, monter et descendre le pont du bateau qui m'emmenait de New York à Londres, et, finalement, je me voyais acceptée comme élève de Troward.

Je répétai ce processus chaque matin et chaque soir, imprimant ainsi toujours plus complètement dans mon esprit l'énoncé de Troward que j'avais mémorisé : « Mon esprit est un centre d'opération divine ». Je m'efforçais de maintenir tout le temps cet énoncé à l'arrière-plan de ma conscience, sans penser à la manière dont je pouvais obtenir l'argent pour ce faire. Il est probable que je n'entretenais aucune pensée sur les voies par lesquelles l'argent pourrait m'atteindre parce que je ne pouvais pas m'imaginer d'où il viendrait. Ainsi, j'ai simplement maintenu une pensée ferme et ai laissé le pouvoir de l'attraction trouver ses propres voies et ses propres moyens.

Un jour, en prenant de profondes respirations tandis que je marchais dans la rue, je me mis à penser : « Mon esprit est sûrement un centre d'opération divine. Si Dieu emplit tout l'espace, alors Dieu doit être dans mon esprit également. Si je veux cet argent pour étudier avec Troward et connaître la vérité de la vie, alors l'argent et la vérité doivent être miens, même si je suis incapable de sentir ou de voir les manifestations physiques de l'un ou de l'autre. Néanmoins », ai-je déclaré, « cela doit être à moi ».

Tandis que ces réflexions se poursuivaient dans mon esprit, une pensée sembla monter de mon intérieur : « Je suis toute la substance qui est ». Puis, d'un autre canal dans mon cerveau, la réponse sembla fuser : « Bien sûr, c'est ça! Tout doit avoir son commencement dans l'esprit. Le " Je ", l'idée, doit être la seule substance première qui soit, et cela signifie l'argent tout autant que le reste ». Mon esprit accepta cette idée, et immédiatement mon esprit et mon corps se détendirent.

J'avais un sentiment de certitude absolue d'être en contact avec tout le pouvoir que la vie a à donner. Les pensées d'argent, de professeur ou même de ma propre personnalité, disparurent dans la grande vague de joie qui balaya mon être tout entier. Je marchai indéfiniment avec ce sentiment de joie qui augmentait et croissait de manière progressive jusqu'à ce que tout en moi me semble embrasé d'une lumière resplendissante. Chaque personne que je croisais était illuminée comme moi. Toute conscience de ma personnalité avait disparu et à sa place vint ce grand et presque accablant sentiment de joie et de contentement.

Cette nuit-là, lorsque j'élaborai mon image des vingt mille dollars, son aspect avait totalement changé. Précédemment, lorsque j'élaborais mon image mentale, je sentais que je réveillais quelque chose en moi. Cette fois, il n'y eut aucune sensation d'effort. Je comptais simplement les vingt mille dollars. Puis, de la manière la plus inattendue, d'une source dont je n'avais pas conscience alors, sembla s'ouvrir une voie possible pour que l'argent m'atteigne.

Il me fallut d'abord faire un grand effort pour ne pas être en émoi. Cela me semblait si merveilleux, si glorieux d'être en contact avec la réserve. Mais Troward n'avait-il pas averti ses lecteurs de chasser toute excitation de leur esprit dans leur premier élan de réalisation de leur union avec la réserve infinie, et de traiter ce fait comme un résultat parfaitement naturel auquel nous avions accédé par notre demande? C'était bien plus difficile à faire pour moi que de maintenir la pensée que « Je suis toute la substance qui est. Je (idée) suis le commencement de toute forme, visible ou invisible ».

Aussitôt qu'une circonstance m'apparut pour m'indiquer d'où les vingt mille dollars étaient susceptibles de pouvoir m'arriver, non seulement je fis un effort suprême pour envisager calmement la direction indiquée comme étant la première pousse de la graine que j'avais semée dans l'absolu, mais je remuai ciel et terre pour suivre cette direction en accomplissant ma part. Ce faisant, une circonstance sembla naturellement mener à une autre jusqu'à ce que, étape par étape, les vingt mille dollars désirés m'étaient assurés. Garder mon esprit calme et libre de toute excitation fut mon plus grand effort.

Cette première fructification concrète de mon étude de la Science Mentale telle qu'elle est exposée dans le livre de Troward m'était survenue par la poursuite consciencieuse des méthodes qu'il avait décrites. À cet égard, donc, je ne peux offrir au lecteur de meilleur cadeau que de citer le livre de Troward, *The Edinburgh Lectures of Mental Science*, duquel j'ai tiré l'idée complète de la ligne d'action que je m'efforçais de suivre. Dans le chapitre « Causes and Conditions », il dit : « Pour obtenir de bons résultats, nous devons comprendre correctement notre relation au grand pouvoir impersonnel que nous utilisons. Il est intelligent, et nous sommes intelligents, et ces deux intelligences doivent coopérer.

Nous ne devons pas défier la loi en attendant qu'elle fasse pour nous ce qu'elle ne peut faire qu'à travers nous. Nous devons dès lors utiliser notre intelligence en sachant qu'elle agit comme instrument d'une plus grande intelligence. Et parce que nous savons cela, nous pouvons et devons cesser totalement de nous inquiéter du résultat final.

Dans la pratique réelle, nous devons d'abord former la conception idéale de notre objet, avec l'intention définie de l'imprimer sur l'Esprit Universel – c'est cette pensée intentionnelle qui tire cette conception idéale de la région des simples fantaisies occasionnelles –, puis affirmer que notre connaissance de la Loi nous suffit amplement à anticiper calmement un résultat correspondant, et que donc toutes les conditions nécessaires viendront à nous dans l'ordre opportun. Nous pouvons dès lors nous tourner vers les affaires de notre vie quotidienne avec l'assurance calme que les conditions initiales sont déjà là ou qu'elles deviendront bientôt visibles. Si nous ne les voyons pas immédiatement, cultivons notre contentement en sachant que le prototype spirituel existe déjà et attendons l'apparition d'une circonstance spécifique pointant dans la direction désirée.

Il peut s'agir d'une toute petite circonstance. C'est la direction, et non pas l'importance, qui doit être prise en compte. Dès que nous la voyons, nous devons la considérer comme la première germination de la graine que nous avons semée dans l'Absolu et faire calmement, et sans excitation, tout ce que les circonstances semblent exiger. Plus tard, nous verrons que cette action aboutira à son tour à une autre circonstance visant la même direction, jusqu'à ce que nous nous retrouvions menés, étape par étape, à l'accomplissement de notre objectif.

C'est ainsi que la compréhension du grand principe de la loi de l'offre nous libérera de plus en plus complètement – par des expériences répétées – de la région de la pensée anxieuse et du travail pénible, et nous introduira dans un nouveau monde où l'utilisation utile de tous nos pouvoirs, qu'ils soient mentaux ou physiques, ne sera qu'un déploiement de notre individualité conformément à sa propre nature et, par conséquent, une source perpétuelle de santé et de bonheur. Ce qui est une incitation suffisante, sûrement, à l'étude minutieuse des lois régissant la relation entre l'esprit individuel et l'Esprit Universel. »

À mon avis, avant comme maintenant, cette citation décrit le noyau et le cœur de la méthode et de l'approche nécessaires pour entrer en contact avec la réserve infinie. Au moins, outre l'énoncé précédemment cité : « Mon esprit est un centre d'opération divine », elle constitua le seul moyen apparent de m'attirer les vingt mille dollars. Mon effort constant pour entrer dans l'esprit de ces énoncés et attirer à moi cette somme nécessaire, dura environ six semaines, période à la fin de laquelle j'avais dans mon compte en banque les vingt mille dollars demandés. Je pourrais faire de ceci une longue histoire et vous en donner tous les détails, mais les faits, tels que je les ai déjà relatés, vous donneront une idée précise de l'état magnétique dans lequel se trouvait mon esprit alors que les vingt mille dollars s'acheminaient vers moi.

Chapitre 10

Comment je devins l'unique élève privée du plus grand scientiste mental de ce temps

Dès que l'idée d'étudier avec Troward m'est venue, j'ai demandé à une amie de lui écrire en mon nom, sentant qu'elle pourrait peut-être mieux décrire mon désir ou se montrer plus persuasive que moi. Je ne reçus aucune réponse à toutes les lettres écrites par cette amie. C'était si décourageant que j'en aurais complètement abandonné l'idée de devenir l'élève de Troward si ce n'était l'expérience que je vis ce même jour dans la rue, lorsque je sentis tout mon monde s'illuminer. Je me suis rappelé la promesse « Tout ce que vous désirez, croyez que vous l'avez reçu et vous le recevrez. »

Cette expérience à l'esprit, j'arrangeai mon transfert vers l'Angleterre malgré le fait qu'apparemment toutes mes lettres étaient ignorées. Nous avons à nouveau écrit à Troward et avons finalement reçu une réponse très courtoise, mais très positive de lui. Troward ne prenait pas d'élèves. Il n'avait pas de temps à leur consacrer. Malgré cette décision très déterminée, je refusai de me décourager en souvenir de l'expérience du jour où la lumière et la pensée me sont venues « Je suis toute la substance qui est ». Il me semblait que j'étais capable de revivre cette expérience à volonté et, avec elle, venait toujours un torrent de courage et d'énergie renouvelée. Nous partîmes pour Londres et, de là, nous avons télégraphié à Troward pour lui demander une entrevue. Troward répondit promptement à notre télégramme en fixant une date à laquelle il pourrait nous voir.

À cette époque, Troward vivait à Ruan Manor, un endroit un peu perdu dans le sud de l'Angleterre situé à environ trente kilomètres d'une gare. Il était introuvable sur la carte et c'est avec beaucoup de difficulté que l'agence de tourisme Cook à Londres nous localisa l'endroit. Je spéculai très peu sur ce que Troward allait me dire au cours de cette entrevue. J'avais toujours le sentiment que la vérité était mienne et qu'elle se développerait et croîtrait dans ma conscience jusqu'à ce que la paix et le contentement se manifestent extérieurement et intérieurement dans ma vie individuelle.

Nous arrivâmes sous une pluie torrentielle à la maison de Troward et furent cordialement reçus par Troward lui-même dont j'ai trouvé, à ma grande surprise, qu'il ressemblait plus à un Français qu'à un Anglais (j'appris plus tard qu'il descendait des huguenots). C'était un homme de stature moyenne, avec une tête plutôt grande, un long nez et des yeux qui donnaient l'impression de danser de joie. Après avoir été présentées aux autres membres de la famille et avoir reçu une tasse de thé chaud, nous fument invitées à pénétrer dans la salle de séjour où Troward parla très librement de tout, excepté des études que je me proposais de suivre. Il semblait tout à fait impossible de l'amener à aborder ce sujet.

Juste avant de partir, cependant, je lui demandai plutôt hardiment : « Ne voulez-vous pas reconsidérer votre décision de me prendre comme élève privée? Je souhaite tellement étudier avec vous ». Ce à quoi il répondit avec indifférence qu'il ne pensait pas pouvoir accorder le temps nécessaire à un enseignement privé, mais qu'il serait heureux de me donner les noms de deux ou trois livres qu'il pensait non seulement intéressants mais instructifs. Il dit qu'il se sentait très flatté et heureux de voir que j'avais fait tout le voyage à partir des États-Unis pour étudier avec lui, et tandis que nous descendions le chemin qui menait de sa maison à notre automobile, son attitude se fit moins indifférente, un sentiment de sympathie sembla toucher son cœur et il se tourna vers moi en déclarant : « Vous pouvez m'écrire une fois que vous arriverez à Paris, si le cœur vous en dit, et peut-être que si j'ai le temps cet automne, nous pourrions arranger quelque chose, bien que cela ne me semble pas possible maintenant. »

Je m'empressai de suivre son aimable invitation. Toutes mes lettres reçurent une réponse rapide et polie, mais elle ne contenait aucun mot d'encouragement concernant les études suggérées. Enfin, environ deux mois plus tard, une lettre m'arriva, me posant la question : « D'après vous, quelle est la signification de ce vers du vingt et unième chapitre de la « Révélation »? » [6] :

« La ville est carrée : sa longueur est égale à sa largeur. L'ange la mesure avec le roseau : il y a 12 000 mesures en longueur, en largeur et en hauteur. »

Instinctivement, je sus que ma chance d'étudier avec Troward dépendait d'une réponse correcte à cette question. La définition du vers me semblait hors d'atteinte. Naturellement, des réponses me venaient à l'esprit, mais je savais intuitivement qu'aucune n'était correcte. Je commençai à bombarder mes amis et mes connaissances savantes de la même question. Des avocats, des médecins, des prêtres, des nonnes et des ecclésiastiques partout dans le monde reçurent des lettres contenant cette question. Un peu plus tard, les réponses commencèrent à me revenir, mais l'intuition me dit qu'aucune d'entre elles n'était correcte non plus. Pendant tout ce temps, je m'efforçais de trouver la réponse par moi-même, mais aucune ne semblait me venir. J'appris le vers par cœur afin de pouvoir méditer dessus.

6. Il s'agit du livre « Révélation » de Jean, dans la Bible.

Je commençai à rechercher dans Paris les livres que Troward m'avait recommandés. Après une recherche de deux ou trois jours, nous traversâmes la Seine pour visiter les vieilles librairies de l'île de la Cité. Ces librairies constituaient le meilleur endroit pour trouver ces livres qui étaient épuisés. Nous arrivâmes enfin dans un petit magasin qui vendait les livres. Il s'agissait des derniers exemplaires, de sorte que leur prix était très élevé. Tout en négociant avec l'employé, mes yeux tombèrent sur l'œuvre d'un astrologue, que je pris en riant et en demandant : « Pensez-vous que le professeur établirait ma carte du ciel? » L'employé se montra consterné par ma suggestion et répondit : « Bien sûr que non, Madame, c'est l'un des plus grands astrologues de France. Il ne lit pas les cartes du ciel. »

Malgré cette réponse, une impulsion persistante me poussa à aller voir cet homme. L'amie qui m'avait accompagnée dans mes recherches de livres me fit part de ses impressions et tenta par tous les moyens de me dissuader d'aller voir le célèbre astrologue, mais j'insistai et elle m'accompagna. Lorsque nous arrivâmes dans son bureau, je trouvai quelque peu embarrassant de lui demander de me lire ma carte. Néanmoins, je ne pouvais que lui poser la question. À contrecœur, le professeur nous invita dans son bureau jonché de papiers et, toujours à contrecœur, nous demanda avec impatience de nous asseoir. Très poliment et froidement, il me dit qu'il n'établissait pas de cartes du ciel. Toute son attitude nous invitait, plus clairement que des mots, à partir. Mon amie se leva. Je ne savais que faire ensuite, car je sentais que je n'étais pas tout à fait prête à partir. L'intuition semblait me dire que j'avais quelque chose à obtenir chez cet homme. Mais, j'étais incapable d'en définir la nature. Aussi, je m'arrêtai un moment, au grand mécontentement de mon amie, quand l'un des énormes chats persans du professeur sauta sur mes genoux. « Descend, Jack! », cria le professeur. « Qu'est ce que cela signifie? », semblait-il se demander. Alors, avec un plus grand intérêt que celui qu'il m'avait montré jusqu'ici, le professeur dit avec un sourire : « Je n'ai jamais vu ce chat s'inviter ainsi chez un étranger auparavant, Madame. Mon chat plaide en votre faveur. Moi aussi, je sens maintenant un réel intérêt pour la lecture de votre carte, et si vous m'en donnez les données, ce serait un réel plaisir pour moi de l'élaborer pour vous. » Je ressentis un immense sentiment de bonheur lorsqu'il me fit cette déclaration. Il conclut en disant : « Je ne crois pas que votre carte du ciel vous intéresse tant. »

La vérité de ces mots me choqua parce que je ne me souciais pas de la carte et que je n'arrivais pas à me donner de bonnes raisons de lui demander de l'établir. « Cependant », dit-il, « puis-je venir chercher vos données dimanche après-midi? ». Le dimanche après-midi, à l'heure convenue, le professeur arriva et je lui remis une petite feuille avec toutes les données concernant ma naissance, lorsque l'idée me vint de lui demander la réponse à la question sur le seizième vers du vingt et unième chapitre de la « Révélation ». La pensée fut immédiatement mise en œuvre et je me vis demander à cet homme ce qu'il pensait de la signification de ce vers. Sans s'arrêter pour y réfléchir, il me répondit immédiatement : « Il signifie : La ville, c'est la vérité, et la vérité ne peut être inversée. De quelque côté que vous l'approchiez, elle est exactement identique. » Intuitivement et indubitablement, je reconnus cette réponse comme la vraie réponse, et ma joie fut sans limites parce que j'étais sûre qu'avec cette réponse correcte en ma possession, Troward m'accepterait comme élève à l'automne.

Alors que le grand astrologue s'en allait, je lui expliquai tout sur mon désir d'étudier avec Troward, comment j'étais venue de New York expressément dans ce but, apparemment en vain jusqu'à ce que la réponse à cette question-test m'ait été donnée par lui. Il fut considérablement intéressé et posa beaucoup de questions sur Troward. Et lorsque je lui demandai de bien vouloir m'envoyer sa facture, il me répondit en souriant : « Faites-moi savoir si le grand Troward vous accepte comme élève » et il me souhaita un bon après-midi. Je m'empressai de rejoindre ma chambre afin d'envoyer un télégramme à Troward lui donnant ma réponse à la question du seizième vers du vingt et unième chapitre de la « Révélation ».

La réponse de Troward fut immédiate et disait : « Votre réponse est correcte. Je commence une série de conférences sur la Grande Pyramide à Londres. Si vous souhaitez y assister, je serais heureux de vous y voir et, ensuite, si vous souhaitez toujours étudier avec moi, je pense que cela peut s'arranger. » À la réception de cette réponse, je préparai immédiatement mon départ de Paris pour Londres.

J'assistai à toutes les conférences et en recueillis beaucoup d'enseignement. Après quoi, des arrangements furent pris pour que je puisse étudier avec Troward. Deux jours avant de partir pour Cornwall, je reçus la lettre suivante de Troward qui indique clairement la ligne d'enseignement qu'il me donna :

31, rue Stanwick,

W. Kensington, Angleterre

Le 8 novembre 1912

Chère Madame Behrend,

Je pense qu'il vaut mieux que je vous écrive quelques lignes concernant les études que vous vous proposez de faire avec moi, étant donné que je serais désolé si vous deviez vous retrouver face à un malentendu et vivre une éventuelle déception.

Cela fait plusieurs années que j'étudie ce sujet et je connais en règle générale les principales caractéristiques de la plupart des systèmes qui, malheureusement, occupent l'attention de nombreux cercles à l'heure actuelle tels que la théosophie, le tarot, la kabbale et autres, et je n'ai aucune hésitation à vous dire que, autant que je puisse en juger, tous les types et toutes les descriptions de prétendues études occultes sont en opposition directe avec la vraie vérité vivifiante.

En conséquence, vous ne devez pas vous attendre à un enseignement dans ce sens.

Nous entendons beaucoup parler d'initiation de nos jours, mais, croyez-moi, plus vous tentez de devenir un prétendu « initié », plus vous vous éloignez de l'expérience de la vie. C'est après plusieurs années d'étude et de considération prudente que je déclare que la Bible et sa « Révélation » du Christ forment la chose qui vaut vraiment la peine d'être étudiée. C'est un sujet suffisamment important dans toute la conscience, qui embrasse notre vie extérieure et notre vie journalière, et également les causes intérieures de notre vie et tout ce que nous pouvons concevoir d'une manière générale de la vie dans l'invisible, après avoir quitté notre corps à la mort.

Vous avez exprimé un très haut degré de confiance en mon enseignement, et si votre confiance est telle que vous souhaitez, comme vous le dites, vous placer entièrement sous mes conseils, je ne peux que l'accepter comme une responsabilité très sérieuse. Et je dois vous de-

mander de me démontrer cette confiance en refusant d'examiner les prétendus « mystères » que je vous interdirai d'investiguer.

Je parle d'expérience. Le résultat sera qu'une grande partie de mon enseignement vous semblera très simple, peut-être même dogmatique dans une certaine mesure, et vous direz que vous en avez déjà entendu une grande partie auparavant.

La foi en Dieu, la prière et le culte, l'approche du Père par le Christ – tout cela vous est familier dans un certain sens. Tout ce que je peux espérer faire, c'est peut-être jeter un peu plus de lumière sur ces sujets afin qu'ils puissent devenir pour vous, non seulement des termes traditionnels, mais des faits vivants actuels.

Si je me montre aussi explicite, c'est que je ne veux pas vous décevoir. Je dois également vous dire que notre cours sera uniquement constitué de conversations amicales à des moments que nous pouvons adapter, soit que vous veniez chez nous, soit que je vienne chez vous, selon ce qui peut s'avérer le plus commode alors.

Par ailleurs, je vous prêterai quelques livres qui vous seront utiles, mais ils sont en petit nombre et en aucun sens occultes.

Maintenant, si tout ceci rejoint vos idées, nous serons, j'en suis sûr, très heureux de vous voir à Ruan Manor. Vous verrez que ses résidents, bien que rares, sont très amicaux et que les alentours sont très beaux.

Mais, si vous sentez que vous préférez trouver une autre source d'apprentissage, n'ayez crainte de me le dire, si ce n'est que vous ne trouverez jamais de substitut au Christ.

J'espère que vous ne m'en voudrez pas de vous écrire de la sorte. Je ne veux pas que vous fassiez tout le trajet jusqu'à Cornwall pour repartir ensuite déçue.

Avec mes plus sincères amitiés,

T. TROWARD

Cette copie de la lettre de Troward est, à mon avis, le plus beau cadeau que je puisse vous offrir.

Chapitre 11

Comment porter le pouvoir de votre parole dans l'action

Dans chacune de vos paroles réside le germe du pouvoir, qui croît et se projette dans la direction indiquée par votre parole pour finalement se développer dans l'expression physique. Par exemple, vous souhaitez établir la joie dans votre conscience. Répétez simplement le mot *joie*, secrètement, constamment et emphatiquement. Le germe de la joie commence à croître et à se projeter jusqu'à ce que votre être tout entier se retrouve empli de joie. Ce n'est pas de la pure fantaisie, mais bien une vérité. Une fois que vous expérimentez ce pouvoir, vous « prouverez quotidiennement que ces faits n'ont pas été fabriqués pour s'adapter à une théorie, mais que la théorie a été construite par l'observation soigneuse des faits. » Chacun sait que la joie vient du dedans. Autrui peut vous donner une cause de joie, mais personne ne peut être joyeux à votre place. La joie est un état de conscience, et la conscience est purement « mentale », comme dit Troward.

Les facultés mentales travaillent toujours grâce à quelque chose qui les stimule. Ce stimulus peut venir soit de l'extérieur par les sens externes, soit de l'intérieur par la conscience de quelque chose qui n'est pas perceptible sur le plan physique. La reconnaissance de cette source de stimulus interne vous permet de porter à votre conscience n'importe quel état « désiré ». Une fois qu'une chose vous semble normale, elle est tout aussi vôtre, par la loi de la croissance et de l'attraction, qu'est vôtre l'addition lorsque vous savez consciemment utiliser les chiffres.

Cette méthode de répétition d'un mot fait vôtre ce mot, dans toute sa signification illimitée, parce que les mots sont l'incorporation des pensées, et la pensée est créatrice – ni bonne ni mauvaise, simplement créatrice. C'est la raison pour laquelle la foi se construit et la peur se détruit. « Croyez seulement et toutes choses sont possibles pour vous. » C'est la foi qui vous procure la domination des circonstances ou des conditions défavorables. C'est votre parole de foi qui vous libère, pas la foi en une chose ou en un acte spécifique, mais la foi simple en votre meilleur vous-même, de toutes les manières possibles. C'est ce Pouvoir Créateur toujours présent au sein du cœur du mot qui fait de votre santé, de votre paix de l'esprit et de votre condition financière une reproduction de votre pensée la plus habituelle. Essayez de croire et de comprendre ceci, et vous serez maître de toutes les circonstances ou conditions défavorables, un prince du pouvoir.

Chapitre 12

Comment accroître votre foi

« Mais », demandez-vous, « comment puis-je exprimer une parole de foi quand j'ai peu ou pas de foi? » Toute entité vivante a foi en quelque chose ou en quelqu'un. C'est la qualité de l'Énergie Créatrice dans la pensée positive de la foi qui lui donne sa vitalité, et non pas la forme qu'elle prend. Même la peur intense vit grâce à la foi. Vous craignez la variole parce que vous croyez qu'il vous est possible de la contracter. Vous craignez la pauvreté et la solitude parce que vous les croyez possibles pour vous.

C'est votre tendance habituelle de pensée qui réapparaît dans votre esprit, dans votre corps et dans vos affaires, et non pas la pensée occasionnelle d'une idée ou d'un désir spécifique. C'est la foi qui comprend que toute création naît dans l'utérus de la pensée – les paroles qui vous offrent la domination de toutes choses, votre moi inférieur inclus, et ce sentiment de foi est accru et intensifié par l'observation de ce qu'elle réalise.

Cette observation est l'observation de votre état de conscience lorsque vous avez réalisé votre parole, pas lorsque vous espériez pouvoir la réaliser mais que vous avez craint que ce ne soit trop beau pour être vrai. Comment vous sentiez-vous au moment où vous vouliez simplement vous amener dans une meilleure disposition d'esprit et que vous l'avez fait, ou que vous deviez obtenir quelque chose et que vous l'avez obtenu? Vivez ces expériences encore et encore (mentalement) jusqu'à ce que vous vous sentiez vraiment en contact avec le moi qui sait et qui réalise, et le meilleur qui est, est à vous.

Chapitre 13

La récompense d'une foi accrue

Puisque vous avez accru votre foi dans la foi et dans les Lois universelles qui ne connaissent aucun échec, votre foi dans le meilleur de vous-même (le principe de la vie en vous) vous a amené à réaliser consciemment que vous n'êtes pas une victime de l'Univers, mais une partie de lui. En conséquence, il y a en vous ce quelque chose qui peut entrer en contact conscient avec le Principe Universel de la loi et du pouvoir et qui vous permet d'inciter toutes les lois spécifiques de la nature, visibles ou invisibles, à servir votre demande ou votre désir particulier, et vous vous retrouvez, de ce fait, maître, et non pas esclave de toute situation.

Troward nous dit que cette maîtrise doit être « accomplie par la connaissance, et la seule connaissance qui offrira ce but dans toute son immensité incommensurable est la connaissance de l'élément personnel dans l'Esprit Universel » et sa réciprocité vis-à-vis de notre propre personnalité. En d'autres termes, les mots que vous pensez, la personnalité que vous vous sentez être, sont des reproductions miniatures ou spécialisées de Dieu ou « de l'Esprit Universel ». Toutes vos pensées-mots étaient des formes-mots de Dieu avant d'être les vôtres.

Les mots que vous utilisez sont les instruments, les canaux par lesquels l'Énergie Créatrice prend forme. Naturellement, ce Pouvoir Créateur sensible ne peut se reproduire que conformément à l'instrument par lequel il passe. Toutes les déceptions et tous les échecs résultent de votre effort de penser une chose et d'en produire une autre. C'est tout aussi impossible que pour un ventilateur électrique de servir à éclairer ou pour l'eau de traverser un tuyau courbe en ligne droite.

L'eau doit prendre la forme du tuyau par lequel elle coule. De même, cette substance sensible, invisible et fluide doit reproduire la forme extérieure du mot-pensée par lequel elle passe. C'est la loi de sa nature. Dès lors, il s'ensuit logiquement que « l'homme est ce qu'il pense ». Par conséquent, lorsque votre pensée ou votre forme-mot correspond au mouvement éternel en avant et constructif de la Loi Universelle, alors votre esprit est le miroir dans lequel le pouvoir et l'intelligence infinie de l'Univers se voient reproduits, et votre vie individuelle devient une vie harmonieuse.

Chapitre 14

Comment faire en sorte que la nature vous réponde

Considérez fermement qu'il est une intelligence puissante dans toute la nature et dans tout l'espace, toujours créatrice et infiniment sensible et réactive. Le caractère réactif de sa nature est double : elle est créatrice et favorable à la suggestion. Une fois que l'homme comprend ce fait capital, il réalise la simplicité de la loi de la vie. Il vous suffit de vous rendre compte que votre esprit est un centre d'opération divine et qu'il contient, par conséquent, cela même qui accepte les suggestions, et de vous attendre à ce que la vie toute entière réponde à votre appel. Vous découvrirez alors que les suggestions qui tendent à la réalisation de votre désir vous arrivent non seulement de vos semblables, mais également des fleurs, de l'herbe, des arbres et des rochers qui vous permettront d'accomplir le désir de votre cœur si vous agissez en confiance sur eux sur ce plan physique. « Toute foi sans mise en œuvre est morte », mais la foi mise en œuvre vous libère absolument.

Chapitre 15

La foi mise en œuvre – ses accomplissements

On dit de Tyson, le grand millionnaire australien, que la suggestion de « faire fleurir les terres désertiques de l'Australie comme la rose » lui vint d'une modeste petite violette australienne tandis qu'il travaillait comme broussard pour quelques trois shillings par jour. Il voyait ces gentilles petites violettes croître à certains endroits dans les bois, et quelque chose dans la fleur toucha quelque chose d'apparenté dans l'esprit de Tyson. Il s'asseyait ainsi sur le bord de sa couchette la nuit en se demandant comment les fleurs et la vie végétale pourraient avoir l'occasion de s'exprimer dans le désert australien.

Il ne fait pas de doute qu'il réalisait le temps qu'il lui faudrait pour économiser suffisamment d'argent afin de placer des fossés d'irrigation dans le désert, mais sa pensée et son sentiment étaient certains qu'un tel accomplissement était possible. Et si cela pouvait être réalisé, il pouvait le faire. S'il existait en lui un pouvoir capable d'en saisir l'idée, alors il devait y avoir un pouvoir sensible dans l'idée elle-même susceptible de s'amener lui-même à se manifester physiquement et pratiquement. Il mit résolument de côté toutes les questions relatives aux moyens spécifiques à utiliser pour amener son désir à se manifester physiquement, et il maintint simplement sa pensée centrée sur l'idée d'ériger des barrières et de voir les fleurs et l'herbe croître là où elles étaient absentes.

Étant donné que la réponse du Pouvoir Créateur reproducteur n'est pas limitée à un état d'esprit local, sa méditation et son image mentale habituelle laissaient ses idées libres d'errer dans l'infini et d'attirer à elles d'autres idées de nature analogue.

Par conséquent, il ne fut pas nécessaire à Tyson d'attendre de voir ses idées et ses désirs accomplis, qu'il ait économisé suffisamment d'argent avec ses trois shillings par jour pour irriguer la terre, parce que ses idées trouvèrent d'autres idées qui sympathisèrent avec les siennes dans le monde financier, et les portes des finances s'ouvrirent rapidement.

Toutes les institutions charitables sont gérées sur le principe du caractère réactif de la vie. Si c'était faux, personne ne se soucierait de faire un don simplement parce qu'autrui en a besoin. La loi de l'offre et de la demande, de la cause et de l'effet, ne peut être rompue. Les idées attirent à elles-mêmes des idées analogues. Parfois, elles viennent d'une fleur, d'un livre ou de l'invisible. Vous êtes assis ou vous marchez, votre intention focalisée sur une idée pas tout à fait complète quant aux moyens de sa réalisation, et voilà qu'une autre idée s'amène, venant d'où?, personne ne peut le dire, chaleureusement hébergée par votre idée, une idée en attirant une autre et ainsi de suite, jusqu'à ce que vos désirs soient devenus des faits physiques.

Vous pouvez ressentir le besoin d'améliorer vos finances et vous demander comment amener un tel accroissement, lorsque soudain semble venir du sein même de cette idée le fait que tout naît dans la pensée, même l'argent, et vos pensées changent de cours. Vous entretenez simplement l'énoncé ou l'affirmation que le meilleur, et tout ce qui est, est à vous. Puisque vous êtes à même de capturer des idées de l'infini par l'instrument de votre intuition, vous laissez votre esprit demeurer sur cette pensée en sachant très bien que cette même pensée se répondra à elle-même. Votre inhibition de toute pensée de doute et de tout sentiment d'inquiétude permet aux idées rassurantes de s'établir et d'attirer à elles des idées « je peux » et « je vais » qui se développent graduellement sous la forme physique du désir que vous avez à l'esprit.

Lorsque vous utilisez consciemment le pouvoir universel qui vous permet de reproduire vos désirs sous une forme physique, vous devez considérer trois faits :

Premièrement – tout l'espace est rempli d'un Pouvoir Créateur.

Deuxièmement – ce Pouvoir Créateur est sensible à la suggestion.

Troisièmement – il ne peut fonctionner qu'à l'aide de méthodes déductives.

Comme Troward nous le dit, ce dernier point est excessivement important parce qu'il implique que l'action du Pouvoir Créateur toujours présent n'est nullement limitée par le précédent. Elle fonctionne conformément à l'essence de l'esprit du Principe. En d'autres termes, ce Pouvoir Universel prend sa direction créatrice à partir du mot que vous lui donnez. Une fois que l'homme réalise cette grande vérité, sa considération la plus importante consiste à se demander de quel caractère ce pouvoir reproducteur sensible est investi. La loi invariable de ce principe de vie créateur dit que « ce qu'un homme pense dans son cœur, il l'est. » Si vous comprenez cette vérité que le Pouvoir Créateur unique ne peut être pour vous que ce que vous sentez et pensez qu'il est, il est disposé et capable de satisfaire toutes vos demandes.

Troward dit : « Si vous pensez que votre pensée est puissante, alors votre pensée est puissante. » « Ce qu'un homme pense dans son cœur, il l'est. » C'est la loi de la vie. Le Pouvoir Créateur ne peut pas plus modifier cette loi qu'un miroir ordinaire ne peut vous refléter une image différente de l'objet que vous tenez devant lui. « Vous êtes ce que vous pensez » ne signifie pas « vous êtes ce que vous dites aux gens que vous pensez » ou « vous êtes ce que *vous voudriez que le monde croie que vous pensez »*. Cela signifie vos pensées les plus secrètes, ce lieu que personne d'autre que vous ne connaît. *« Personne ne peut connaître le Père si ce n'est le Fils »* et *« personne ne peut connaître le Fils si ce n'est le Père »*. Seul l'Esprit Créateur reproducteur de la vie sait ce que vous pensez, jusqu'à ce que vos pensées deviennent des faits physiques et se manifestent dans votre corps, votre cerveau ou vos affaires. Alors, quiconque avec qui vous entrez en contact peut le savoir également, car le Père, l'Énergie Créatrice Intelligente qui vous écoute en secret, entend vos pensées les plus secrètes, vous récompense ouvertement et reproduit vos pensées dans la forme physique. *« Tu sais que ce que tu penses, c'est ce que tu deviens. »* Ce concept doit être constamment maintenu à l'arrière-plan de votre esprit. Il s'agit d'observer et de prier sans cesse, et lorsque vous ne vous sentez pas en forme, de prier physiquement.

Chapitre 16

Comment prier ou demander en croyant avoir déjà reçu

Penser scientifiquement – La pensée positive

Suggestions d'application pratique :

Efforcez-vous, par la pensée attentive, positive et enthousiaste (mais sans effort), de réaliser que la substance indescriptible et invisible de la vie emplit tout l'espace, qu'elle est par nature une substance intelligente, plastique et subjective.

Cinq heures du matin est le meilleur moment pour entrer dans cette sorte de méditation. Si vous vous retirez tôt chaque soir pendant un mois, avant de tomber endormi, imprimez fermement sur votre esprit subjectif l'affirmation : *« Mon Père est le souverain du monde entier et il exprime son pouvoir directeur à travers moi »*. Vous constaterez que la substance de la vie prend forme dans le moule de vos pensées.

N'acceptez pas la suggestion ci-dessus simplement parce qu'elle vous est donnée.

Pensez-y soigneusement jusqu'à ce qu'elle se soit imprimée en toute connaissance de cause sur votre propre esprit subconscient. Levez-vous chaque matin à cinq heures, comme je vous l'ai suggéré auparavant. Asseyez-vous dans une pièce tranquille sur une chaise au dossier bien droit, pensez à l'affirmation de la soirée précédente et vous comprendrez et serez à même de mettre en pratique votre pouvoir princier, en comprenant, dans une certaine mesure au moins, que votre esprit constitue vraiment un centre à travers lequel toute l'énergie et tout le pouvoir créateur qui soit prennent forme.

Prier scientifiquement – Le principe qui sous-tend la prière scientifique

Dans toute prière visant un changement de condition, physique, mentale ou financière pour vous-même ou pour autrui, ayez à l'esprit que pour pouvoir obtenir une réponse à votre prière, il est fondamental que vous compreniez l'énoncé scientifique :

« Demandez EN CROYANT AVOIR DÉJÀ REÇU, et vous recevrez. »

Ce n'est pas aussi difficile qu'il n'y paraît à la surface, une fois que vous vous rendez compte que tout a son origine dans l'esprit et que ce que vous recherchez extérieurement, vous le possédez déjà. Personne ne peut penser une pensée dans le futur. Votre pensée d'une chose constitue son origine.

PAR CONSÉQUENT

La forme pensée de la chose est déjà vôtre dès que vous y pensez.

C'est votre reconnaissance ferme de cette possession par la pensée qui provoque la concentration, la condensation, la projection de la pensée, et qui lui fait assumer une forme physique.

Devenir riche par création

La reconnaissance ou la conception de nouvelles forces de richesse est l'aspiration la plus élevée que vous puissiez avoir à cœur, car elle assume et implique le service de tous les objectifs nobles.

Quelques points à rappeler au sujet de la prière pour vous-même ou pour autrui :

Rappelez-vous que ce que vous appelez traitement ou prière n'est en aucun sens de l'hypnotisme. Ne tentez jamais de prendre possession de l'esprit d'autrui. Souvenez-vous qu'il ne doit jamais être dans votre intention de vous faire croire ce que vous savez être faux. Pensez simplement à Dieu ou à la cause première en comprenant que :

« Si une chose est vraie, d'une manière ou d'une autre elle est vraie dans l'Univers tout entier. » Rappelez-vous que le pouvoir de la pensée fonctionne à l'aide de principes absolument scientifiques. Ces principes sont exprimés dans les mots de l'énoncé : *« Ce que l'homme pense dans son cœur, il l'est. »*

Cet énoncé contient un monde de sagesse, mais sa reconnaissance ferme et son application minutieuse par l'homme sont requises pour permettre son utilisation pratique.

Rappelez-vous que les principes impliqués dans le fait d'être ce que nous pensons dans notre cœur sont élucidés et révélés par la loi : « Vous récoltez ce que vous semez ».

Rappelez-vous que la liberté de choisir ce que vous allez penser, de choisir quelle possession vous affirmerez et revendiquerez par la pensée, est un cadeau de Dieu.

Il vous montre comment :

La cause première a doté chaque homme du pouvoir et de la capacité d'amener dans son environnement personnel tout ce qu'il choisit.

Voici une illustration de la cause et de l'effet en référence à l'obtention :

Si vous plantez un gland, vous obtenez un chêne. Si vous semez un grain de maïs, vous récoltez une tige et beaucoup de grains de maïs. Vous obtenez toujours la manifestation de ce que vous avez consciemment ou inconsciemment affirmé et réclamé, de ce que vous avez habituellement déclaré et espéré, ou en d'autres termes de « ce que vous semez ».

Par conséquent, semez les graines je SUIS... je DOIS... je PEUX... je VAIS RÉALISER... que parce que je SUIS, je DOIS, parce que je DOIS, je PEUX, parce que je PEUX, je FAIS.

La manifestation de cette vérité, même à un degré minime, vous permet de comprendre indiscutablement que la domination est votre privilège. Vous êtes un héritier de la cause première, doté de l'intégralité du pouvoir qu'elle possède. Dieu vous a donné tout. Tout est à vous et vous savez que tout ce que vous devez faire, c'est tendre votre main mentale et le prendre.

Cette formule peut vous servir de modèle pour former votre propre prière ou votre propre affirmation en Dieu, au bénéfice d'autrui ou de vous-même.

Si vous effectuez une demande en faveur d'autrui, exprimez le nom de baptême de la personne que vous souhaitez aider, puis retirez totalement sa personnalité de votre conscience. Intensifiez votre pensée en méditant sur le fait qu'il existe en vous Cela même qui trouve la voie, qui est la vérité et qui est la vie.

Vous affirmez ce fait en croyant que puisque vous pensez cela, c'est déjà à vous. Après avoir élevé votre sentiment jusqu'à l'idée centrale de cette méditation, vous examinez votre propre conscience pour voir s'il y réside un devoir contraire à Dieu. Si vous constatez la présence d'un sentiment de peur, de préoccupation, de malveillance, d'envie, de haine, ou de jalousie, revenez à votre méditation pour purifier vos pensées en affirmant que l'amour et la pureté de Dieu emplissent tout l'espace, y compris votre cœur et votre âme. Réconciliez vos pensées avec l'amour de dieu, en vous rappelant toujours que vous êtes fait à l'image et à la ressemblance de l'amour.

Maintenez cette pensée purificatrice dans votre esprit jusqu'à ce que vous sentiez votre conscience totalement libérée de toutes les pensées et de tous les sentiments autres que l'amour et l'unité avec toute l'humanité.

Puis, si le reniement ne vous dérange pas, niez tout ce qui est contraire à la manifestation que vous désirez. Ceci accompli, recouvrez votre reniement par la pensée affirmative : « *Je suis fait à l'image et à la ressemblance de Dieu et je possède déjà mon désir accompli dans sa forme-pensée ou sa forme spirituelle d'origine.* »

Clôture de la prière

La prière comme mode de pensée est une utilisation délibérée de la loi qui vous donne le pouvoir de domination sur tout ce qui tend de quelque manière que ce soit à entraver votre liberté parfaite. VOUS AVEZ REÇU LA VIE POUR POUVOIR L'APPRÉCIER DE PLUS EN PLUS COMPLÈTEMENT.

La reconnaissance ferme de cette vérité vous permet de vous déclarer comme un PRINCE DE POUVOIR.

Vous reconnaissez, acceptez et utilisez ce pouvoir en tant qu'ENFANT DE ROI ET, PAR CONSÉQUENT, LA DOMINATION EST VOTRE DROIT DE NAISSANCE. Ensuite, lorsque vous sentez la lumière de cette importante vérité inonder votre conscience, ouvrez les vannes de votre âme en louanges sincères et comprenez que le CRÉATEUR ET SA CRÉATION NE FONT QU'UN.

Et que le Créateur crée continuellement par sa création.

Clôturez votre traitement dans l'assurance heureuse que la prière accomplie n'est pas une forme de supplication, mais bien une affirmation habituelle régulière que le Créateur de toute la création opère spécifiquement à travers vous, par conséquent :

L'ŒUVRE DOIT ÊTRE PARFAITEMENT RÉALISÉE – VOTRE ESPRIT EST UN CENTRE D'OPÉRATION DIVINE.

Conseils pour l'application et la pratique

Pour chaque période de cinq minutes accordée à la lecture et à l'étude des théories de la Science Mentale, passez quinze minutes à utiliser et à appliquer les connaissances acquises.

1. Passez une minute par vingt-quatre heures à réfléchir consciencieusement aux spécifications qui doivent être observées afin d'obtenir les réponses à vos prières.
2. Identifiez régulièrement la possession désirée par votre pensée, pendant deux périodes de quinze minutes chaque jour. Chronométrez non seulement chaque période pour voir combien de temps vous pouvez maintenir une conception donnée par rapport à votre vision mentale, mais notez également par écrit l'éclat avec lequel vous expérimentez votre image mentale. Rappelez-vous que vos sens mentaux sont tout aussi variés et exerçables que vos sens physiques.
3. Passez cinq minutes par jour, entre midi et treize heures, à effectuer une recherche mentale de nouvelles sources de richesse.

Chapitre 17

Quelques rappels

Rappelez-vous que le plus grand scientiste mental que le monde ait connu (Jésus-Christ, l'homme) a dit : « Toutes choses sont possibles à ceux qui croient ». Et aussi : « Ce que je fais, vous pouvez le faire ». A-t-il dit la vérité?

Jésus n'a pas prétendu être plus divin que vous ne l'êtes. Il a déclaré que la race humaine était les enfants de Dieu. Par sa naissance, il ne faisait pas exception à cette règle. Le pouvoir qu'il possédait fut développé par son effort personnel. Il a dit que vous pouviez faire de même si vous croyiez en vous-même. Toute grande idée est sans valeur à moins d'être accompagnée d'une action physique. Dieu donne l'idée. L'homme la met en œuvre sur le plan physique.

Tout ce qui vaut vraiment la peine, c'est le contentement. Seul le contrôle de soi peut le produire. L'âme et le corps sont un. Le contentement de l'esprit est le contentement de l'âme, et le contentement de l'âme signifie le contentement du corps.

Si vous souhaitez obtenir la santé, faites attention à vos pensées non seulement à propos de votre être physique, mais à propos de tout et de tout le monde. Par l'exercice de votre volonté, maintenez-les en conformité avec votre désir et agissez extérieurement selon vos pensées. Vous vous rendrez bientôt compte que vous avez reçu tout pouvoir sur les pensées et sur les conditions. Vous croyez en Dieu. Croyez que vous êtes l'instrument physique à travers lequel Dieu opère. Vous obtenez la domination lorsque vous vous maîtrisez suffisamment pour conquérir la tendance négative de vos pensées et de vos actions.

Demandez-vous tous les jours : « Quel est le but du pouvoir qui m'a mis ici? Comment puis-je travailler dans le but d'accroître la vie et la liberté en moi? »

Dès que vous avez décidé de la réponse à ces questions, efforcez-vous d'heure en heure de l'accomplir. Vous êtes une loi pour vous-même.

Si vous avez tendance à exagérer quoi que ce soit (manger, boire ou blâmer les circonstances de vos malheurs), conquérez cette tendance avec la conviction intérieure que tout pouvoir est vôtre extérieurement. Mangez moins, buvez moins, critiquez moins les circonstances, et le meilleur qui est se développera graduellement à l'endroit même où le pire semblait se trouver.

Rappelez-vous toujours que vous pouvez tout utiliser, à votre guise. Vous pouvez si vous voulez. Si vous voulez, vous réalisez.

Dieu le Père vous bénit de tout ce qu'il a à donner.

Faites-en un bon usage pieux.

Si vous avez connu un grand succès lorsque vous avez commencé à étudier et à démontrer la Science Mentale, c'est parce que votre joie et votre enthousiasme à la simple découverte du pouvoir en vous étaient plus grands que ce que vous avez pu comprendre plus tard.

Toute compréhension accrue apporte une joie et un enthousiasme croissants, et les résultats y correspondront.

À propos de l'auteure

De 1912 à 1914, la vie de Genevieve Behrend s'est uniquement focalisée sur la sagesse et la philosophie de Troward dont les idées influentes formèrent une grande partie de la base de la philosophie spirituelle nommée « Nouvelle Pensée ».

Après ses études avec Troward, Behrend commença sa mission de transmission à New York où elle fonda et dirigea The School of the Builders (l'École des bâtisseurs) jusqu'en 1925. Elle fonda ensuite une autre école à Los Angeles avant de voyager dans d'autres villes de l'Amérique du Nord pendant les 35 années qui suivirent, en tant que célèbre conférencière, professeure et praticienne de la Science Mentale.

Des millions de personnes l'ont entendue et appréciée, non seulement sur la place publique mais également à la radio. Ses étudiants se dénombraient par dizaines de milliers partout dans le monde anglophone. Paris était sa ville natale, mais elle était à moitié écossaise.

Son livre, *Votre Pouvoir Invisible*, fut le premier et le plus populaire de tous ses livres. Il fut, dès sa première édition, un livre à succès mondial et connu un record d'éditions successives.

Behrend présente merveilleusement la philosophie de Troward grâce à une personnalité incomparablement directe et dynamique, en relatant les concepts transformateurs de Troward au niveau de sa vie personnelle.

À propos de la traductrice

Marcelle della Faille, traductrice de livres de développement personnel et de sensibilisation à notre vraie nature, vous propose de découvrir ou de redécouvrir cette œuvre puissante de Genevieve Behrend, seule élève privée de Thomas Troward, le maître de la Science Mentale. Elle applique ces principes de visualisation dans son expérience personnelle et a observé de nombreuses améliorations au niveau de ses manifestations, de ses créations et de son alignement. Dans ce merveilleux petit livre qu'elle a traduit et réédité, elle partage avec vous les principes de base de la visualisation efficace, de manière à vous permettre à VOUS aussi de RÉALISER VOS DÉSIRS!

http://loi-d-attraction.com
http://marcelle.powerfulintentions.com/forum/Abondance

Notes bibliographiques

Genevieve Behrend a publié plusieurs livres :

- Your Invisible Power (traduction : Votre Pouvoir Invisible)
- Attaining Your Desires
- How to Live Life and Love It!
- The Romance and Prophecies of the Great Pyramid

Traductions de livres d'autres auteurs de la Loi d'Attraction et de la Nouvelle Pensée, et offerts en français par les Éditions Le Dauphin Blanc

Auteur : WALLACE D. WATTLES

– LA SCIENCE DE L'ENRICHISSEMENT

1re partie de l'œuvre classique écrite en 1910.

« La possession d'argent et de biens résulte d'une Certaine Manière de penser et d'agir. Deviennent riches ceux qui agissent de cette Certaine Manière, délibérément ou accidentellement. »

– LA SCIENCE DE LA GRANDEUR

3e partie de l'œuvre classique écrite en 1911.

« La GRANDEUR s'obtient uniquement par l'entretien constant de grandes pensées. L'homme ne peut atteindre une grande personnalité extérieure qu'en étant grand intérieurement. Et, l'homme ne peut être grand intérieurement qu'en PENSANT. »

Auteur : CHARLES F. HAANEL

– LA CLÉ DE LA MAÎTRISE, de Charles F. Haanel

Première édition francophone de cette œuvre classique éternelle sur la santé, la fortune et le succès ! Charles F. Haanel (1866-1949) fut un homme d'affaires américain éminent qui, ayant établi l'une des plus grandes sociétés au monde à l'époque, écrivit plusieurs livres partageant sa philosophie et ses techniques du succès personnel et commercial. Sa première œuvre *La Clé de la Maîtrise* (The Master Key System), écrite de 1909 à 1912, était un cours en 24 parties envoyé aux lecteurs sur une période de 24 semaines. Ses étudiants étaient les hommes d'affaires les plus éminents de l'époque! Haanel mis finalement son cours à la disposition du public sous la forme d'un livre qui fut édité en 1919.

Livres et livres électroniques écrits par
Marcelle della Faille
et offerts en français par les Éditions
Le Dauphin Blanc
ou sur le site http://loi-d-attraction.com

– LE SECRET DE LA LOI D'ATTRACTION
Comment créer délibérément sa vie en 30 jours

Œuvre théorique et pratique décrivant la Loi d'Attraction et comment l'appliquer dans votre vie pour attirer TOUT ce que vous voulez!

Éditions Le Dauphin Blanc, avril 2007.

« En concentrant notre pensée sur un désir, nous lançons un message à l'Univers. L'Univers reçoit ce message et y répond instantanément. Il n'y a aucun doute à cela. En ressentant dans nos moindres cellules ce désir, nous imprimons notre pensée sur la Substance Informe qui baigne l'Univers, et cette substance met instantanément en mouvement les processus de manifestation et de création. »

– LE MANUEL DE LA CRÉATION DÉLIBÉRÉE

Manuel et bloc-notes très pratique de transformation par l'utilisation consciente de la loi d'attraction pendant 30 jours, rédigé à l'intention des personnes qui souhaitent prendre des notes sur un support écrit pour avancer certainement et régulièrement vers l'Abondance. Il complète le livre *Le secret de la loi d'Attraction – Comment créer délibérément sa vie en 30 jours*, qui décrit en détail la théorie soutenant et expliquant ces pratiques.

Éditions de la Loi d'Attraction, 2007.

– 365 JOURS DE GRATITUDE ET DE SUCCÈS

Précieux bloc-notes, pour noter TOUT ce que vous appréciez chaque jour et identifier vos petits et vos grands succès quotidiens. À emporter partout!

Éditions de la Loi d'Attraction, 2007.

MARQUIS
Marquis imprimeur inc.

Québec, Canada
2008